U0735162

王啟泰说

陶质文物修复

王啟泰 ◎ 著

中国书店

图书在版编目（CIP）数据

　　王啟泰说陶质文物修复/王啟泰著. —北京：中国书店，
2012.9

　　ISBN 978-7-5149-0469-7

　　Ⅰ.①王… Ⅱ.①王… Ⅲ.①陶器(考古) – 文物修整
②陶器(考古) – 器物修复 Ⅳ.①G264.3②K876.3

　　中国版本图书馆CIP数据核字(2012)第183966号

王啟泰说陶质文物修复

王啟泰 / 著

责任编辑：方泽

出版发行：中国书店

地　　址：北京市西城区琉璃厂东街115号

邮　　编：100050

印　　刷：北京市十月印刷有限公司

开　　本：787mm×1092mm　1 / 16

版　　次：2012年9月第1版　2012年9月第1次印刷

字　　数：89千字

印　　张：13

书　　号：ISBN 978-7-5149-0469-7

定　　价：88.00元

陶質文物修復概論

盧嘉錫 題

卢嘉锡先生为本书题字

上陶业学

敬恭 同志雅正

一九八七年秋 王振铎

王振铎先生为本书题字 (1987 年)

中国文物学会文物修复专业委员会
第三届会员代表大会暨第四届全国文物修复技术研讨会合影 (2004 年 11 月 28 日)

王啟泰先生在全国文物修复技术研讨会上演讲 (1991 年 11 月 28 日)

序

　　传统文物修复工艺源远流长，卓有成就，为保护中华古代文明立下不可磨灭的历史功绩。若无行之有效的文物修复工艺，古代文化遗产难以保存至今。正是文物修复才将我国大量已损的珍贵文物，从毁灭的边缘抢救回来。历代默默无闻的文物修复技师，通过长期的实践探索，已形成一系列的优秀传统修复工艺，不仅保护了大量的有形文化财产，还给后辈留下了珍贵的无形文化财产，即文物修复技术。文物修复在文物事业中占据极为重要的地位，正如本书作者所述："若无文物修复，就无文物事业的灿烂今天。"

　　传统文物修复工艺在古籍文献中记载甚少，多通过师徒言传身教世代相传。对传统修复工艺，要系统地发掘、筛选、继承。同时，随着科学技术的发展，许多新技术被引进文物修复领域，使传统与现代技术不断地融合。但是，让人遗憾的是，一直以来，文物修复专著问世较少，其原因诸多，但主要的是文物修复技术不受重视，乃至被歧视。中国国家博物馆的著名青铜器修复专家高英先生，在20世纪80年代初，曾作出在他的晚年完成《青铜器修复》专著的规划，但他撰写的专题论文仅发表了两篇，即以"学术水平不行"为借口，遭到刊物执掌者的否定，严重打击了高英先生要将其毕生丰富的学识经验，包括高超的修复青铜器的独特绝技无保留地传授给后辈的热情。当时，他只得搁笔，造成今天无法弥补的遗憾。

　　王先生的专著《王启泰说陶质文物修复》于20世纪80年代初写成书稿，曾几度拟出版，均未能实现。启泰先生的书稿是他修复文物丰富技术经验的总结，书稿虽未能出版，但其文物修复工作并未停止，并不断对书稿进行了修改补充，使之更加丰富完善。尤其他在大学文物院系任教多年，讲授与传艺并举，理论与实践相结合，使该书更具实用价值。值得庆幸的是校方独具慧眼，将其列入教材出版，使启泰先生的学识和技艺得以更广的传播，这是读者的幸事。

　　王先生从事文物修复，起步于20世纪70年代初，从参与修复陕西临潼出土的秦兵马俑开始。以后他任职于国家文物局直属机构，经手过大量的珍贵文物，根据工作需要，他担起修复文物的重任。修复文物是一项非常枯燥乏味的工作，但他全身心投入，虚心学习，刻苦钻研，勤奋实践，勇于创新，完成了混合填料和塑补两项技术改革，为此受到当时国家文物局王冶秋局长的接见和肯定。"人造石"的研制成功，为文物修复和工艺品制作提供了新材料。他在全面继承传统文物修复工艺的基础上，创新总结出了"陶质文物修复六步法"，具有很强的指导意义。

还有一件事值得一提，1983年赴日本展览的一件秦将军俑遭人为破坏，碎成108块，属于粉碎性断折。王先生受国家文物局派遣，赶赴日本，以高超的修复技艺，仅用48小时就出色地完成修复任务，使这件秦将军俑及时恢复展出，并在这次抢修中实现了破坏性修复法的设想和实践。此事得到日方的高度赞誉，报刊、电视等媒体纷纷报道评论，王先生成为当时的新闻人物。他是我国派出国外修复文物的第一位文物修复专家。

王先生热爱文物修复事业，对文物修复界做出过重要贡献。他在20世纪90年代初发起创建了全国文物修复技术人员的学术团体——中国文物学会文物修复专业委员会，从1991年起至今，他担任常务副会长近20年，在此职位上任劳任怨、尽职尽责、全心全意、鞠躬尽瘁，为全国文物修复技术人员开辟了学术交流的平台，获得文物修复界的支持和尊敬。王先生还是全国著名的文物鉴定家。他于20多年前拜瓷器鉴定泰斗耿宝昌先生为师，潜心学艺，成绩颇丰。在1991年中国文物学会文物修复专业委员会成立大会上，他提出了"文物修复、复制和鉴定三位一体"的理论，对文物鉴定工作具有远见性和指导性。

我和王先生相交相知三十余载，深知他从前辈那里继承了诚朴淳厚的优秀品质，对待人生、对待技艺，皆遵从这一美德。王先生现已年近古稀，虽然他的一生波折不断，但在困难、排挤面前从不低头。他性格开朗、善于助人、正直坦率、积极热情，直至今日他依然有说有笑地奔波各地传授知识和技艺，用他自己的话说，即以自己的"雕虫小技"为人民服务。

值此王先生的大作出版之际，写此小序，特向老友表示衷心的祝贺，作为读者，再次向出版方深表谢意。

2011年8月15日 周宝中于北京寓所

目 录

前 言

　　我国是世界四大文明古国之一，在漫长的历史发展中创造了光辉灿烂的文化遗产和文物瑰宝。由于年代久远和社会的变迁，大多数文物都散失了、毁灭了，只有不多的文物保存到现在，成为中华民族悠久历史和灿烂文化的见证。

　　在众多的文物中，人们熟知的陶、瓷、砖、瓦等陶质文物占有相当大的比例。笔者多年从事出国展览文物的修复工作，在继承传统修复工艺的基础上，融汇现代科学技术，摸索出一套陶制文物的修复经验，旨在以陶质文物的修复为基础，旁及瓷器、砖瓦、石器和泥塑及复制品，对硅酸盐类的文物修复工艺及与其密切关联的包装工艺加以概述。

　　本书试对陶质文物的修复理论、工艺实施等方面进行了比较系统的说明，书中所阐述的观点、工艺，大多数继承于传统的修复工艺，也有一些是笔者从事文物修复工作的实际经验和体会。本书所列举的陶质文物修复实例，包括修复所用原材料、配方、操作方法、工艺程序等，全部是笔者的亲身实践。凡属于借鉴于传统工艺或介绍他人的成果之处，一律标明出处，以便读者查阅。

　　文物保护事业是一个国家、一个民族重要的国策之一。我国于 1982 年颁布了《中华人民共和国文物保护法》，规定了文物管理、发掘、保护以及文物交流等方面的法律。2003 年国家颁布了新修订的《中华人民共和国文物保护法》，其中新增了"民间收藏"章节，这大大地促进了民间收藏的健康发展。民间收藏品中，难免有损伤的，需要修复。希望本书能对修复者有所参考和启发，使流传至今的陶质文物得以继续流传下去。

　　本书所介绍陶质文物的修复理论、工艺方法，难免会有不妥或误谬之处，切望文物界同仁不吝指教。

王啟泰

2011 年元月

汉代 陶庄园模型

高 89 厘米　长 130 厘米　宽 114 厘米
河南省博物馆藏
　　河南省淮阳县于庄出土。这件陶庄园模型是汉代陶建筑模型中最大的，由两部分组成：东部是三进院落，由前院、中庭、后院组成；西部是田园。
　　此陶庄园模型是依墓主生前庄园所制，放入墓中陪葬，是让墓主在另一世界仍住在生前一样的庄园中。陶庄园结构严谨，是汉代庄园经济的写照。汉代庄园建筑今已不存，所见无非是地基、遗址之属。这件陶庄园模型的发现与修复，为研究汉代庄园生活和建筑提供了一份珍贵的资料。

第一章　陶质文物修复概论

第一节　何谓陶质文物

凡具有历史、艺术和科学价值的陶制品，均为陶质文物。

陶制品是用黏土经淘洗、配料、制坯、成型、干燥后，在800℃至1000℃高温下焙烧而成的器物，坯体不透明，有微孔，具有吸水性，叩之声音不清。陶质文物中还有釉陶，是在陶器上施一层釉料，再次焙烧而成。

陶器是人类伟大的发明，是人类从游牧采集生产向定居的农耕生产转变时期产生的，是人类第一次利用天然易得的黏土，按照人的需要创造出来的一种崭新的物品。陶器的出现改善了人类的生活，远古陶器主要是日用陶器，如陶鼎是蒸煮器，广之使用的陶盆、陶罐是盛贮器。出现较晚的建筑砖和瓦，也是陶制品，几千年来一直广泛生产和使用。陶器中还有专为统治阶级享用的艺术品和随葬用的陶制品（称为明器）。在新石器时代中期还出现陶网坠、陶纺轮、陶刀等陶质生产工具，后来多数陶质生产工具逐渐被其他材料的生产工具代替了，只有少数陶质工具沿用至今，如陶网坠。还有一些陶质文物是原始宗教的供奉物，如陶祖、陶神像等。

陶器并不是某一个地区或某一个部落古代先民的专有发明，它是远古先民在长期生活实践中发现的，世界上任何一个古代农业部落和人群都能独立创造陶器。

我国古代把陶制品称为陶器,明确指出与窑器（瓷器）不同（见《陶录》卷十）。由于历史的原因，艺术界将所有的陶制品都称陶器，这其中包括陶鼎、陶碗、陶盆等实用器皿，也包括陶俑、三彩塑艺术品和砖瓦等建筑材料。本书为了书写便利和尊重习惯，除去应用含义完备的"陶质文物"一词外，也采用这一广义的称谓——陶器。

据《周书》、《物原》、《吕氏春秋》和《考工记》等古籍记载，陶器源于神农氏，黄帝时设陶官，舜、禹时代，陶器有很大的发展，以致后世民间还将舜、禹尊为陶神，四时供奉。但此说法只见于文字，并无实物为证。

裴李岗文化 红陶三足壶

高 14.5 厘米　口径 5.8 厘米
河南省博物馆收藏
1977 年河南省新郑县裴李岗出土。裴李岗文化
是我国新石器时代早期文化，是中华民族文明起步
文化的代表。

陶器源于何时？最可信的说法是依据出土实物，以科学测定而得出的结论。据《出土文物纪原》（见《中国文物报》1990 年第 12 期第三版）介绍，河北省磁山遗址出土的陶器，年代约在公元前 6000～5600 年。河南省裴李岗出土的陶器，年代可上溯至公元前 6000 年左右。湖南省澧县出土的陶器大多质地疏松，外红里黑，胎壁厚而不匀，红色表层易脱落。经 C14 测定得出两个数据，年代分别为 9100±120 年和 8200±120 年（未校正）。

据此可知，我国陶器的生产历史非常悠久，最少七八千年。若再加上产生和发展阶段，说有万年之久，绝非夸张。其产生年代相当于新石器时代的肇始期。

第二节　陶质文物修复的重要性

文物保护是忠于文物原貌，以文物法规为准绳，以传统技术为基础，综合物理、化学、美学和手工技艺等多学科的艺术性科学。

陶质文物修复是文物保护的一个重要组成部分，也是文物修复的基础。之所以如此讲，是因为陶器是人类最早发明和制作器物的开端，从新石器时代开始直到今天，悠悠近万年，陶器的制造从未间断过，生产规模之大，使用范围之广，种类之繁多，是其他材质文物都不能与之相提并论的。因此，陶器为研究、探索人类物质文化发展史提供了丰富的、连续性的实物资料。

古人使用过陶器，有相当一部分并没有随其主人消失，有的陶器作为随葬品，深埋于地下；有的被遗弃在废墟之中；有的由后人代代相传至今。今天我们见到的古人用于生产和生活的遗物，大多数具有历史、艺术和科学的研究价值，反映了人类文明的历史进程，是今人研究古代社会发展变迁的见证，因而之称为文物。

陶质文物和其他材质文物一样，不仅能反映出当时社会的发展，标志着生产技

仰韶文化 彩绘鹳鱼石斧纹陶缸

高 47 厘米 口径 32.7 厘米 底径 19.5 厘米
河南省博物馆收藏
1978 年河南临汝县阎村出土。陶缸上用棕褐与白色绘一把木杆石斧和一长嘴鹳鸟叼着一条大鱼。此纹用线和施色较简单，却具很强的绘画性。专家们认为这是中国史前绘画艺术由纹饰画向物象画发展的标志之一。

术的水平，而且反映出当时社会制度和阶级关系。青海省大通县上孙家寨出土的舞蹈纹彩陶盆，人物突出，舞姿优美，形态逼真，重在写真，反映了原始社会人们的社会生活。陕西临潼县秦始皇陵旁侧出土的大批形态生动的陶塑武士和陶战马，为研究秦始皇时期的军事建制、雕塑艺术、陶制品的制造技艺方面提供了实物资料，这些都是古籍中从未记载的。正因如此，陶质文物的价值已脱离实物和商品（国家允许的除外）的范围，而体现在历史、政治、经济、文化、军事、民俗、美学、工艺和观赏等众多的方面。所以，一件陶质文物常常被专家们冠以"珍贵的"、"罕见的"、"不可多得的"之类的词语，足见陶质文物在一个国家的社会文化生活方面具有何等重要的价值。

马家窑文化　舞蹈纹彩陶盆

高 12.5 厘米　口径 22.8 厘米

青海省博物馆收藏

1975 年青海省同德县宗日文化遗址出土。盆用细泥红陶制成。大口微敛，卷唇鼓腹，下腹内收成小平底，施黑彩。口沿及外壁上部采用一些简单的线条装饰，主纹是绘于陶器内壁的二组舞蹈纹，一组 13 人，另一组 11 人，表现了原始先民手拉手跳集体舞的生活场景，线条流畅，人物动感、节奏感极强，成为今人研究远古先民生活及其意识形态的形象资料。

　　随着岁月的流逝，无论是地下埋藏的文物，还是传世的文物，无论是陶质的文物，还是其他质地的文物，都不可避免地要遭受到地壳的运动、盐碱侵蚀、氧气化合、风吹雨淋等自然力和人为有意或无意的破坏，致使很多文物（也可以说是绝大多数文物）都受到不同程度的损坏，有的甚至发现时就已经是一堆残片。对于这样的文物，如果不能及时地进行妥善保护和有效地修复，那么它们将最终变成一堆废物而遭到遗弃，使中华民族宝贵的文化遗产蒙受无法挽回的损失。

　　试想人类在长逾百万年漫长的发展史中，我们的先人创造了多么辉煌灿烂的文化，制造了多少巧夺天工的珍贵文物，而今天我们又能见到多少件呢？今天昭昭于天下的文物，只能用"微乎其微"来概括。文物修复工作者的职责就在于使这些微乎其微的瑰宝，能够长久地保存下去。

第三节　文物修复工艺的历史

　　"文物修复"的名称和今天才有的"修复"概念，是近四五十年才逐渐形成的。此前曾用过修整、恢复、整修、修理等名称，虽然他们的含义与"修复"非常相近，但终归有一定的区别。修复工艺的大部分工作内容来源于修理工艺，但目的却各不相同。

　　1976年中山王墓出土一件五指形铜扇架。1980年发现铜扇架上面有两处非完全性断折。在修复时又发现其中一处原已损坏，留有用锡焊接过的痕迹，现已再度开裂。据主持发掘此墓的考古专家介绍，此件铜扇架虽然锈蚀严重，但出土时未发现明显的断折和裂缝，发掘之后也从未做过任何修复。据此推断，此件铜扇架上的焊接，是在作为随葬品之前实施的，即距今2300年前就做过修复。如果这种推断正确，那么是

五指形铜扇架

　　高13厘米　宽20.1厘米　重1千克
　　河北省博物馆收藏
　　1976年中山王墓出土。此铜扇架是我国最古老的大型折叠扇，扇架上部弓形掌状，呈内弧形，五个方筒状錾，方錾两侧附有机轴，五个方錾相当于五指，内弧的楼轴可转动，附随四个方錾开闭。机轴可以把四个錾底固定在一定位置。出土时各錾内保存有木裂扇骨朽木。扇架一侧附有两个半环形插榫，上小下大，以便安插长柄。

否就能认为修复工艺早在2300年前就有了呢？目前还无定论。严格地讲，中山王墓出土的铜扇架曾焊接过，只能称为"修理"。虽然只能称为"修理"，但它的学术价值却不可低估，首先它能说明修理工艺的历史悠久，更重要的它还是文物修复的古代实例。

那么，文物修复是从何时开始的呢？目前无文字记载，也无确切实物可查，仅能从老一辈修复者那里听到一些口传。清末民初，出现了一些经营古玩的商人，他们常把残破的古玩加以"修复"（未必以真实性为基础的修复），或者以仿制品（即赝品）冒充古玩高价出售，以谋取暴利，形成了修复古玩的特殊行业。修复行业若从修古玩时算起，至今已有百年的历史，其间的诸辈先师积累了丰富的经验，为我国文物修复业奠定了坚实的基础。但限于当时社会状况和经营特点，古玩修复行业一向是口传心授、父子相继，或师徒相承，对外人秘而不宣。这极大地制约了文物修复行业的健康发展。

新中国成立后，文物保护事业迅速发展。几十年来，不仅专业队伍不断扩大，修复技艺不断提高，而且对于各种质地的文物也逐渐形成了各自的基本理论和实践方法，诸如青铜器的修复、竹简的脱水、木结构古建筑的加固等。陶质文物的展览修复也是如此。

第四节　陶质文物损坏的原因

陶质文物遭到损坏的原因，首先取决于陶质文物本身的化学稳定性和物理属性。陶制品因焙烧温度低，允许烧成温度有较大差异，加上黏土的质量和焙烧技术的差异，陶制品的工艺质量有悬殊的差异。如果黏土中含有较多的杂质，烧成温度又低于800℃，这种陶器的质地必然是松软的。陶器的吸水率较高，是因为陶体内有很多微小孔隙，这些微小孔隙会产生"毛细管现象"，即使是精细的陶器，其吸水率也高达8%至10%，至于粗陶的吸水率则更高，这是陶质文物易于损坏的内因。

陶质文物遭到损坏的外因不外乎两大类：一类是自然力的破坏，如墓室坍塌、温度、湿度、盐碱侵蚀、空气氧化等；另一类是人为破坏，如战争、纵火、捣毁、疏忽等等。具体到陶质文物的损坏原因，主要是受盐碱侵蚀（埋藏在地下的）、风雨侵袭（遗留在地上的）和明显的外力作用。其损坏程度又与内因有直接的关系。

盐碱对陶器的侵蚀现象较明显，原因是陶器壁内有很多细小的孔隙，有很强的

秦始皇兵马俑出土时的状况

吸水性。地下水通过细小孔隙不断侵入到陶器体内，因地下水中含有可溶性盐碱类物质，或因盐碱类物质的化学作用，或因盐碱重新结晶所产生的机械力，都会使陶器不可避免地遭到不同程度的破坏，以至彻底碎裂为若干碎块，釉层也会因此而受到剥蚀，彩釉层则会大面积地剥落。

外力作用是机械力作用于陶器外表而产生的破坏作用。机械力来源于自然力或人为，或两者同时发生。如秦始皇兵马俑，原是规整地排列在梁架结构的地下建筑物里，后因遭火烧毁，建筑物坍塌，兵马俑被砸得东倒西歪，肢体零碎，有的碎成一百多块。

人类对于自然力的破坏很难抗拒，对于历史上人为的破坏无法追究，但陶器出土后所遭到的人为损坏是应充分注意和尽量避免的。人们的许多行为往往出于无意，甚至是善意的，却因一些错综复杂的原因而使陶器遭到意想不到的损坏。属于此类损坏的有下列几种。

1. 对陶质文物的价值缺乏了解

人们对于金银珠宝向来重视，无论是古代还是现代都是如此。对于陶质文物却往往持忽视态度，甚至错误地认为是不值分文和毫无保留价值，往往以破砖烂瓦而弃之。殊不知这正是我们祖先创造的文明史和灿烂文化的实物见证。

1977 年在河南省平山县发掘的中山王墓中出土了一件绳纹板瓦。这块板瓦在出土时已碎裂为33块，确实已成为一堆烂瓦。通过精心修复后，其实是一块长94厘米，宽55.5厘米，厚2.0厘米，重18.8千克，呈半圆形的形制巨大的绳纹板瓦。

考古工作者根据这块板瓦和同时出土的绳纹筒瓦以及其他一些实物资料，推断出两千三百年前中山国能修建高大雄伟的宫殿建筑，否则不会有如此巨大的板瓦，建筑工艺已十分高超。

据传，因某种需要，有数位专家曾给某些文物做过估价（并非售价）。从估价中

绳纹板瓦的破碎情况

1977年在河南省平山县中山王墓中出土，出土时已碎裂为33块。

修复后的绳纹陶板瓦

通过精心修复，这是一块长94厘米，宽55.5厘米，厚2厘米，重18.8千克，呈半圆形的形制巨大的绳纹板瓦。横断面呈弧形，内面平素无纹，外表饰绳纹，两端抹平，建宫殿所用。

我们可以了解陶质文物的价值。对绳纹板瓦的估价，可以购买到一千至一千五百块石棉瓦（注：中山王墓的发掘始于 1974 年，讫于 1977 年，本书所引用的器物按实际出土年计）。秦陶战马的估价相当于 350 匹至 400 匹真马的价格。

可见，绳纹板瓦和陶战马的单位重量价值，都远远超过了黄金的单位重量牌价（注：上述估价与售价之比，是按本书第一稿 1982 年时所定的估价与当时物价相比），实际上文物的价值是无法用货币来衡量的，文物是无价之宝。因此，必须大力宣传文物保护的意义，使人们知道发现这些"破砖烂瓦"的真正价值，就会倍加保护了。

2. 接触陶质文物时的疏忽

造成疏忽的原因有很多，一般在保管、搬动、运输过程中因保护不慎或注意不够，造成陶器的损坏。下面列举两个实例：

一次，一个不懂陶质文物修复的年轻人在清扫陶战马的垫座，不慎将植入马体中的马尾从根部碰断，掉在地上摔碎。这是因清扫者的疏忽而造成的事故。如果在清扫前先将马尾从马体上取下来，或注意到马尾不坚固，恐怕就不会发生这样因疏忽而造成的损坏了。

还有一次用小型起重推车搬运高大的将军俑，车在行进中，有一个车轮陷入一个不深的坑里，致使将军俑从踝部断折，全身倾倒，幸好将军俑被人及时扶住，但将军俑的头还是被摔在地上（此头是植入体内的）。如果在搬运前充分注意到搬运将军俑的特点（如身高体重、踝部较细小而承力大等），采取了相应的防护措施（如将植入体内的头部取下另行搬运，以减轻重量等），同时平整搬运道路，就可以避免这种损坏。

搬运文物是正常工作，但稍有疏忽，则会产生难以弥补的损坏。在日常工作中，有一些规矩看起来是很琐碎，但不注意这些看来是细枝末节的规矩，往往会酿成巨大的损失。

3. 对陶质文物的粗劣修复

粗劣修复，一是指因选用了不合格的原材料和工具，致使修复后的陶器从表面上看虽然完好，但实际上已造成了损坏，至少是又制造了潜在的隐患；二是指修复工艺不佳，造成错位等缺陷。

修复陶质文物要注意原材料的选用，应确定所用原材料的物理、化学性质不会对陶质文物的材质造成损害，同时又有加固的作用，才能付诸使用，也只有这样做才能使修复过的陶质文物有更长的寿命。

不能信手拿来或墨守成规。如用石膏补配是传统工艺方法，具有很强的实用性，但对于承受力较大的部位就不宜使用。前面提到因疏忽而损坏的马尾，其植入马体的部分原已短缺，后用石膏补配，石膏性脆，怕磕怕碰；又因补配处是承力的部位，所以遇到外力，便很容易从石膏补配处断折了。

选用工具不当，也会出现类似问题。如前面提到的将军俑，它的脚踝部分出土时已折断。在修复时为了加强脚踝部的承力强度，采用钢筋加固，这种作法的出发点是好的，但修复后的效果却很差。原因是采用钢筋加固，还要在断折的粘接面上各打一个较深又相通的圆孔。打孔要使用电钻。电钻的转速一般在每分钟400转以上，震动力很强；将军俑是陶质的，又埋压在地下两千多年，已酥脆的陶质怎能受得住强烈的震动？故再次断折。从断折处可以明显看出因用电钻打孔，电钻的震动已使洞孔周围的陶质受到酥裂性损坏。

植入圆孔中的钢筋，是用环氧树脂粘接的。按常规，应当很牢固。但修复后用力一拔，钢筋便从圆孔中提出来了。原因是未按粘接金属的要求进行相应的处理。为了保证和提高金属粘接的强度，应先用机械方法将金属表面的氧化层清除掉，然后再根据所使用金属的属性，选用相应的化工制剂进行清洗。如选用10%的硅酸钠溶液，药温在60℃左右，浸泡钢筋十分钟，再用清水洗至中性，待干燥后才可用。若选用不锈钢，只需机械处理即可。

钢筋加固法是利用钢筋所具有的机械强度，使文物得到加固保护。目前有两种实施工艺：一种是在文物的外部使用，称为"加箍加固法"，多用于古建筑物的加固；另一种是植于文物的体内，称为"加芯加固法"。"加芯加固法"若用于质地坚硬的文物内部，是很有效的，如石质文物。但用于陶质文物则需非常注意，其一要视陶质的坚硬程度，二要看需加固处的直径。若质地良好，直径较大的陶质文物，可选用此法加固。

另外，还要考虑到电钻的震动强度，若选用的电钻震动不大，确认对陶质没有任何影响，才能使用。否则，最好不采用此种方法进行加固。

粗劣的修复，肯定会对陶质文物造成不良的恶果。在这里，我引用一位从事文物修复六十多年的老前辈告诫笔者的话："文物不是自己的，是国家的，修不好就对不起祖国，对不起祖宗，也对不起子孙后代。"

4. 其他原因

考古发掘时提取陶质文物的方法不正确，运输包装不科学以及某些别有用心者的破坏等等，都会造成陶质文物的损坏。

第五节　陶质文物损坏的七种类型

由于陶质文物损坏的原因不同，损坏情况各异，从修复的角度可把损坏的状况大致分为以下七种类型：

1. 断折

因受外力作用，使完整的陶质文物碎裂为两部分或几部分，甚至碎裂为几十个小碎块，称为"断折（shé）"。断折后的部分称为陶片，或称为碎块。

断折是最常见的损坏类型，可分为三种情况：

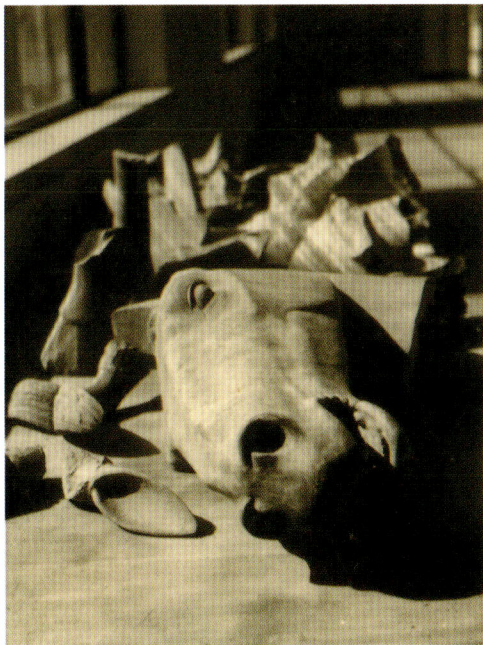

秦陶战马在修复前是一堆碎块

修复中的秦陶战马

第一种，完全性断折，即陶片与陶器，或陶片与陶片，完全分离。这种损坏一般只需用直接粘接法就可以修复。

第二种，粉碎性断折，凡陶器碎裂为若干块很小的陶片（小于 0.5 厘米 × 0.5 厘米），即属于粉碎性断折。陶片若能够粘接起来，则应尽量粘接。若过于碎小，则只能弃之，再用补配法补齐。

第三种，非完全性断折，即陶器的某个部位虽然已经断折，但还没有从陶器上脱落下来，这就是非完全性断折。这种断折，常发生在带有托板的陶俑和陶动物器上。

陶俑、陶动物器的踝部，为形体细小之处，但又是承力的部位，所以一遇到外力作用就易断折。如陶马的四条腿都断折了，即属于完全性断折；若只断折了一条腿或两条腿，甚至三条腿，还有一条腿没有断折，此时断折部分尚不能与陶马整体脱离，这也属于非完全性断折。又因踝部的形状略呈圆形，凡踝部断裂，都称为环断。环断是很难修复的一种缺陷，目前多采用滴注粘接—填补法进行修复。

2. 裂纹

如果裂纹的缝隙细小，对陶质文物无甚影响，作一般性处理即可。若裂纹的缝隙较宽、深、大，尤其是在承力的部位，则应根据具体情况，采用填补法补齐，或加固法加固，有时还要两法并用。

在踝部上下产生的裂纹，若是一周断裂，称为环裂。一般的环裂，可用填补法补齐；若对陶质文物有潜在危险，则和环断一样采用滴注粘接—填补法进行修复。复制品因受热胀冷缩的影响，一般会发生此种损坏。

3. 短缺

一件陶器在碎裂后，多数情况下都会缺少一块或几块，缺少的部分称为"短缺"（古玩行称作"缺肉"），这是一种常见的损坏类型。修复时应根据短缺的具体情况，选用不同的补配法补齐。

4. 酥脆

因陶器本身的质地不坚固，又长期受到自然力的侵蚀，使陶器原本不高的强度遭到不同程度的损坏（即抵抗外力的能力下降），陶器的一些部位出现了质地酥脆的缺陷，统称为酥脆。

单色陶的酥脆部位，一般采用滴注法或涂覆法进行加固；对于较大面积的脆弱部位，则应选用压层加固法进行加固。

彩绘陶的彩绘是依靠胶质物依附在陶质器壁上的，水或盐碱对胶质物有很强的破坏作用，会使彩绘层变得非常脆弱，往往会大面积脱离陶体，乃至全部剥落。一般采用涂覆法进行加固。使用此种方法加固的彩绘陶，用于长期展览，效果较好。若是用于流动性短期展览，则彩绘层不够牢固，在运输时因震动，会造成彩绘层剥落。因此，用涂覆法修复的彩绘陶，应注意包装，防止在运输时再次受损。

釉陶表面施了一层低温铅釉，低温铅釉的抗水性非常差，在水的侵蚀下，釉质易酥脆，直至剥蚀脱落。对尚未剥蚀脱落、但已酥脆的铅釉，可用滴注法或涂覆法进行加固。对已剥蚀脱落的的铅釉，则应先行填补，再进行仿釉处理。

瓷器中还有一种凸釉，即釉层与胎体剥离而凸起，但又尚未脱落。凸釉很少见到，但其有随时脱落的可能，一般用注射法加固进行处理。

5. 异物

不属于陶器本身的物质，均为异物，分为两种：

一种是文物本身固有的杂物，一般无需消除。若清除时，应遵照专家合议的结果，进行处理。有些修复过的陶器上也会有异物，可根据原物，或依照异物邻近面的情况加以清除。

另一种异物是淤聚在陶器表面上的泥土，一般应清除掉；但其中有些已形成石灰质结核的泥土（即泥锈），则无需消除。其实在修复陶质文物时，为取得与原文物一致的效果，追求年代感，还需要特意制作这种异物（泥锈）。

6. 崩碎

由于制陶的黏土不纯，混有石英之类的颗粒状物，在焙烧时又因窑温不够而尚未熔融，所以陶器出窑后会因热胀冷缩而在器表产生小鼓包。此时若再受到微弱的外力作用，小鼓包会崩碎为许多细小的碎块，在陶器表面上留下小坑。

崩碎多见于复制品，尤以釉陶为多见，出土的陶器上很少见到崩碎现象。但这并不是说古代陶器没有崩碎缺陷，而是说古代有崩碎的陶器，一般不用作随葬品。

崩碎处一般采用填补法补齐。崩碎形成的碎块，体小性脆，一般无法粘接，只好弃掉。若崩碎形成的碎块仅为较大的一两块，则应尽量将其粘接回原处。在粘接前，应先将碎块的粘接面打磨掉一层。因为这种碎块原本就已变形了，原片粘上，会高于相邻的器表面。

如一件黑釉三彩马（系复制品）的臀部有一处约直径 3 厘米的崩碎，仅一块陶片脱落。原修复未将陶片打磨，便粘接上去，结果比相邻的器表高出约两毫米。这种崩碎修复是失败的，让人一眼就看出是修补过，不仅难看，还给今后重修带来麻烦。

7. 错位

错位是因粘接时碴口未对好而出现的缺陷。错位一般都很难重修，尤其是用环氧树脂粘接后的碎块。

错位仅是粗劣修复的一种缺陷。还常见粘接不牢、环氧流挂、补配凸凹、仿色不准等等缺陷。这些粗劣修复形成的缺陷，会给今后重修带来极大的困难。重修时尽管付出比原修复多一倍甚至数倍的劳动，有时还未必获得满意的效果。所以在修复陶质文物时，要持科学的态度，以"六步修复法"为准绳，一丝不苟，按部就班，认真仔细地精心实施，万万粗劣不得。

第六节　文物修复的原则

文物修复是将已损坏的文物，经过修理，恢复到原来形貌的工艺过程。

修复文物不同于一般物品的修理。修理一般物品的目的是为了能继续使用，所以实施的维修手段，要尽可能地做到"整旧如新"，恢复其使用价值。

我们现在视为文物的物品，古人当年制作目的也是出于实用，但只要被今人确认为文物后，对其修复的目的就不再是为了实用，而是为了恢复和长久保持文物原有的形貌，得以继续流传下去，供后人研究、鉴赏。

修复文物是有效地保护、继承中华民族珍贵文化遗产的重要手段。所以，修复文物必须遵守下列几项原则：

1. 要忠实于原物的形貌

在修复文物的全过程中一定要忠实于原物的一切，绝不允许凭自己的主观臆造来改变文物的原貌。因为哪怕是微小的改变，都会使文物失去真实性。这是修复文物最基本的原则，即要保持文物的一切特征，又要做到"整旧如旧"。尤其是修复中的补配和仿色，必须有确凿的参照物，或遵照专家合议的方案实施。否则就是失真的修复，这必定会使文物价值受损失。

2. 使用有效的修复工艺和原材料

在忠于文物原貌的基础上，使用行之有效的修复工艺和原材料，是修复文物必须遵循的原则。在没有把握实施技术和修复材料的性能之前，不允许直接应用于文物的修复，更不允许用文物做任何无把握的试验。

修复工艺和原材料是有定规的，但也不是一成不变的，会随着生产力和科学技术的发展而创新的。但新材料、新工艺必须要经过实践的检验，在确认原材料的最终效果和熟练掌握实施工艺之后，才可用于文物修复。

文物修复后的效果，不仅仅是现在已有的形态，还要具有长期的稳定性，要经得起时间的考验。

3. 要做详细的修复记录

在修复实施的整个过程中（前、中、后三个阶段）都要做详细的记录（包括填写修复单、修复方案、拍照、总结等）。尤其是失败的教训，哪怕是极小的一次失误，也要将原因深刻地查出来，进而探寻出适合文物修复规律的科学的工作程序和方法。

总结成功的经验，只是前进的起点；检点失败的过错，则是进步的阶梯。

4. 做到"修旧如旧"

我国修复文物要求必须保持原状，不允许有破坏或改变原状的做法，也就是文物修复要遵循"修旧如旧，不改变原状"的原则；近年又融入"最小干预"、"可再处理性"等原则。不过，对于如何做才符合"修旧如旧"的修复原则，历来有两种不同的意见：

一种意见认为：文物已破碎或有所短缺，是文物的客观现状，修复时只能用白色的石膏补配，以保持文物出土时的真实面貌。另一种意见认为：对破碎的文物，可进行形体复原，但应在忠于文物原貌的基础上，恢复文物固有的面貌。

笔者认为上述两种意见的分歧在于一方是考古工作者，一方是展览工作者。因修复的目的不同，故有不同的做法。有鉴于此，笔者根据修复文物的不同目的，在

1982 年提出研究修复、展览修复和商品修复的分类。此种划分得到了文物界很多同仁认可。为了更加慎重，1987 年笔者又特意拜扰了考古界的泰斗苏秉琦先生。苏老肯定地说："这样分好，是正确的。"

第七节　陶质文物修复的三种类型

根据一件陶质文物修复后的具体用途，可分为研究修复、展览修复和商品修复三种类型。

1. 研究修复

研究修复，亦称考古修复。这种文物修复品是供考古历史工作者研究的实物资料。修复效果是"形体复原"，即将损坏的文物恢复到未损坏时的形状，只要能使研究者清晰地看出修复品是何种形体即可。其工艺是清洁、核拼、粘接和补配（有时也不补配）。仿色和作旧两个步骤不需要。

2. 展览修复

展览修复是指将残损的文物修复成博物馆的展览品，成为弘扬祖国文化、进行爱国主义教育的实物，其中也包括那些要远渡重洋到国外进行展示的文物。出于这种目的修复的文物，肩负介绍和传播本民族、国家悠久历史和灿烂文化的使命，不仅要为给参观者留下完美和谐的感受，同时也是

研究修复——南宋 官窑花口瓶

高 26 厘米　口径 10 厘米　底径 8.5 厘米
杭州市园林文物局收藏
1985 年杭州乌龟山南宋官窑遗址出土。为考古修复之例，白色处为补配修复。

展览修复——唐代 彩绘陶驯马俑

马高 40 厘米 俑高 35 厘米

此件文物于 1987 年在洛阳唐墓出土。出土时已碎为数块，因急于展出，将人物臂部、腿部及马的两面腿进行粘接修复。

为我们的后代留下财富。所以，要在研究修复的基础上，还需进行仿色和作旧。但为表示此类文物是经修复过的，应在文物不显著的部位留下有一两处（不可再多）缺损，保持原貌，不必进行仿色处理。

文物展览有两种，大多数属于长期固定展览，即文物在较长时间内不改变展出地和内容，如各博物馆的藏品展览。在 20 世纪 70 年代出现了另一种展览形式，即将某些馆藏文物集中起来，组成一个综合性或专题性展览，在国、内外的某地或多处场所展出一段时间，再将文物归还原馆收藏。这种形式的文物展览，称作流动性短期展览。

展览修复有很高的技术和艺术含量。修复后的陶质文物，不仅要能展示陶质文物自身的特色，还要给观赏者留下完美的艺术享受。若要达到此目的，需要下一番苦工夫才行。这是一项具有创造性的劳动，本书将从这一角度进行探讨和阐述。

陶质文物经修复后，若作为长期固定展览品，一般情况是不会损坏的。若作为流动性短期展品，尤其是出国展览，则会因搬运的次数较多，不安全的因素也随之增加，损坏的可能性亦随之增加。这对陶质文物的修复技艺提出了更高的标准。展览修

展览修复 ——元代 影青瓷观音坐像

高 66 厘米

北京首都博物馆收藏

1955 年北京西城区出土。质细腻坚致，通体施影青釉，釉色莹润，白中闪青。塑像为观音静坐式，面容端庄娴雅，纹饰线条流畅，雕工精细，为元代瓷塑的典范之作。

左胸部为仿色修复。

复要达到"坚固、持久、完整、如旧"的目的，没有捷径可走，必须认真、扎实地做好陶质文物"六步修复法"的每一步。起码也要达到每道工序的基本标准：清洁——洁净见新；核拼——准确无误；粘接——坚固可逆；补配——天衣无缝；仿色（釉）——浑然一体；作旧——整旧如旧。

3. 商品修复

新颁布的《文物法》允许流通的文物，可视为文化艺术品。将已残损的文物修复成可以拍卖交易的文化艺术品，就是商品修复，其修复与展览修复工艺基本相同。修复效果应根据商品的特点和要求灵活掌握。

第八节　陶质文物修复的六个工艺步骤

修复陶质文物的工艺包括清洁、核拼、粘接、补配、仿色（釉）和作旧六个工艺步骤，称为陶质文物的"六步修复法"。对于这六个工艺步骤，本书将分章进行详解。

不过这"六步"工作是环环相扣、循序渐进的。虽然各个步骤要使用不同的技术，但每个步骤都是同等重要的，绝无轻重之分。在修复陶质文物的工艺过程中，这六个步骤都不允许出现疏忽，否则陶质文物的修复工作根本达不到预期的目的，甚至会损坏陶质文物。

"六步修复法"是继承传统、尊重实践的总结，它规定了修复的基本程序和方法，但并不排斥在特殊情况下的灵活性。如"加固"属于第三步骤，但陶质过于酥软时，则应在清洁之前先行加固。再如滴注—填补法的前者是粘接，后者是补配，此两者是有区别的两项工艺，理应分别实施，而在此法中却要同时完成。诸如此类的情况经常会遇到，我们只能灵活，切忌死板。

第九节　陶质文物修复前的准备工作

修复陶质文物前的准备工作如下：

1. 检查陶质文物损坏的状况

检查内容包括鉴别陶质的质量、碎裂的状况、清点陶块的数量、初步判定短缺的位置，彩绘层牢固程度、查明隐患等，并要一一记录，最好能拍摄照片。

2. 判断陶质文物的材质状况

一目测，二听声。手指叩陶器，陶器质地越差，声音越闷。凡有裂纹者，其声必定是"啪啦"之声。瓷器亦用此法检查。听声音鉴别陶瓷的质量，是简单易行的传统方法。掌握此法的关键在于平时亲手叩之，仔细听之，再把听到的声音汇集起来，

展览修复 ——隋代 灰陶彩绘侍婢俑

高 21 厘米至 24 厘米
1959 年河南省张盛墓出土。做工粗拙，但神态刻画生动。

默印在脑海里。久而久之，就可根据陶器发出来的声音，准确地判断陶质的优劣了。

3. 查明潜在危险

潜在危险就是透过陶质文物似乎是完整的现状，善于发现陶质文物本身已有但不易察觉的损坏或粗劣的修复。此种潜在危险若再与外力相适应，将会造成很大的损失。潜在危险亦称隐患。隐患较难查出，不易判断，所以检查时要格外仔细，不可漏检。一旦查明，就要采取相应的措施，予以清除。

4. 考虑修复方案

对于修复方案，一种意见认为应将修复步骤、方法、原料等，均以文字详细表述；另一种意见认为只需根据损坏情况，做出简单可行的方案即可。笔者采用的是后者，因在修复前尽管自认为考虑得十分周密，但在修复过程中往往会发生意想不到的情况，所以笔者更注意工作记录和事后的总结。

5. 做好资料记录工作

专业工作者在修复每一件文物之前都要填写"文物修复单"。其项目包括文物名称、损坏情况、修复人等，详见表一。

表一：

文物修复单

修复编号：_____

名称		质地	
时代		等级	
送展单位		赴展国家	
损坏情况：			
修复要求：			
送修日期		退回日期	
送修人		收回人	
修复简况： 修复者：			
完成日期		工料核算	
验收意见： 验收者：			
备注：			

6. 做好标志

文物出土后和收入馆藏时，考古和文物工作者一般会在文物上书写墓坑编号、出土序号及有关数据。这些文字虽不属于文物所固有的，却是十分珍贵的原始资料，所以修复者无权将其清除。若书写处妨碍修复，应先请送修者定夺，或只行粘接，不做其他修复。

7. 选择修复所用原材料

选择修复所用原材料是一门很重要的学问，因为任何一种原材料都有各自的化学性质、物理性能和使用方法。

修复工作者如缺少某一方面的知识，都可能给修复工作带来不便，甚至影响修复的质量。例如使用环氧树脂胶进行粘接断裂处，接口处会有环氧树脂胶挤溢出来。有经验的人会用布蘸一点丙酮便可把挤溢出来的胶擦干净，虽然这种做法很简单，却是知道丙酮可以稀释环氧树脂胶这一化学性质才会采用的做法。不知道这种知识的人往往会用布去擦拭，不仅擦不干净，反而会脏一片。若不把挤溢出来的环节树脂胶擦干净，干后就会在器表会留下又硬又结实的"流挂"，最后只好用机械方法进行清除，但这又可能会损坏陶器的器壁。因此，在环氧树脂胶刚刚用于修复陶质文物时，很多修复者都不喜欢用它来粘接陶器碎块。后来大家都掌握了环氧树脂胶的化学性质、物理性能和使用方法，才解决了这一问题。

笔者在实践中体会到，选择修复所用原材料不在于种类多，而在于对原材料"精于道"。"道"是客观规律。"精于道"就是驾驭性地掌握客观规律。如本书介绍的复合材料——人造石的研制和应用，就是"精于道"的结果。"六步修复法"中所选用的原材料很少，以填料为例，仅有来源易、价格低的石膏、水泥、肽白粉、滑石粉和砂石等数种，正因为种类少，所以更易熟知，更易于巧用。

8. 准备修复工具

工具是修复工艺中至关重要的组成部分，所谓"工欲善其事，必先利其器"。文物修复是特殊行业，所用工具，既有行业特有的工具，也有从其他行业借鉴而来的工具。总之，应在尊重传统修复工具的基础上，不拘泥于传统，博采众长，"适宜我用"是配备工具的根本。

（1）盛放原料的器皿

盆、碗、盘、盅、瓶等，是清洁、调料、调色和盛放原料必需的器皿。使用溶剂时，要先装入试剂滴瓶。调配环氧树脂，最好选用聚氯乙烯（俗称软塑料）杯碗。因环氧树脂对其无粘合作用，便于清洗后再用，亦可选用硬纸杯、碗，用毕可弃之。

（2）清洁和作旧工具

各类刷子是清洁和作旧工艺的基本工具。常备的刷子有硬毛的油刷、软毛的排笔、牙刷、铜刷等。牙刷不要选用塑料制品，因某些溶剂（如丙酮）可使其溶解而损坏。

（3）固定用具

砂箱、老虎钳、小木楔、铁吊链、各种绳子，以及胶纸带是固定的用具。另需常备一些软硬塑料泡沫、棉花垫、棉花、棉丝等。

（4）刀具

主要用于补配及清洁。笔者使用的刀具主要有四种：一是医用手术刀，用于修整精细的小面积补配处；二是牛板刀，系用钢带锯条打制，用于修整较大面积的补配处；三是万用刀，不锈钢材质，用于调料，尤其是塑补；四是玛瑙轧子，用于轧光。后三种工具均需自制或订制。修复中常备的刀具还有塑刀、刻刀、裱工刀等。

另外还有一种铸工使用的铲勺，很适于内侧填补。

（5）打磨工具

砂纸、砂布主要用于补配中的打磨，使配修处平整光洁。按砂纸、砂布的商品标号，要准备 1 号砂布和 180 号、300 号、500 号、700 号砂纸。平整补配处表面有时还需使用平锉、圆锉、"两头忙"木锉（一种钢锉，两端有粗细不同的锉齿）和大木锉等。另外还需准备一些碎绒布，以备擦拭之用。

（6）毛笔

毛笔用于仿色（釉）和作旧。仿色（釉）和作旧工艺比较复杂，所以硬毫、软毫、兼毫，长锋、中锋、短锋各类毛笔都必不可少。

修复单色陶用普通毛笔即可，修复彩绘陶则要用质量较高的毛笔，修复釉陶需要不同质量的毛笔。

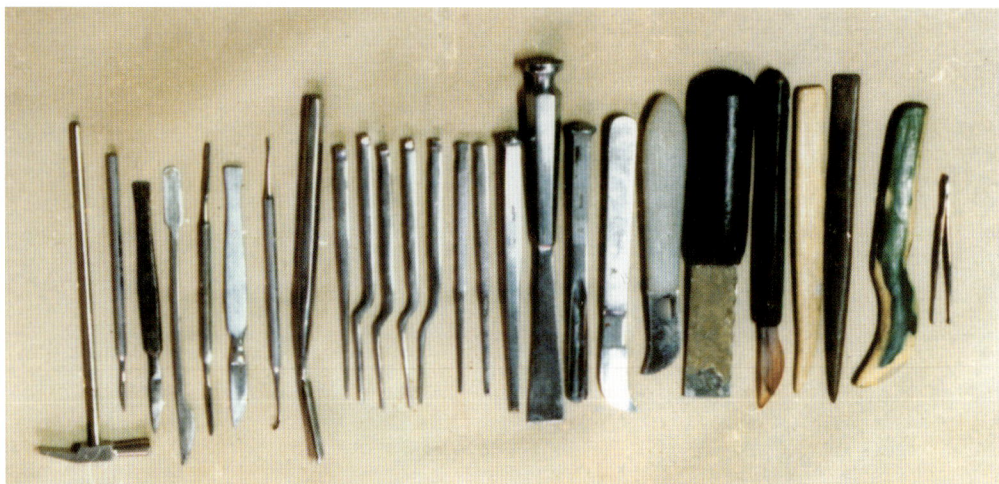

修复陶质文物常用工具

又，毛笔多次使用后会断毛而成秃笔，但秃笔是作旧时常用的重要工具。使用毛笔前，应先检查是否掉笔头或掉笔毛，若掉笔头，可用502胶重新粘接。

（7）转盘

转盘是承托较大陶器可转动的用具。在补配、仿色（釉）时可减少搬运，既安全又省力，需定制。转盘由三部分组成：下边是一块70厘米×70厘米的方木板，中间是一块直径50厘米的一圆形转板，用乳胶与方木板粘连，最上是一块直径60厘米的圆形转板，中心处以较长的木螺丝与中间圆板连接。此种设计，因圆形转板与中间圆板的直径相近，转动平稳；又因两圆板的摩擦力较大，转速较慢，

（8）其他用具

500克和1000克重的天平各一台。10毫升、20毫升的量杯各两只。

另外，医用针管、针头、橡皮锤、木槌、酒精灯、吹风机、红外线灯、剪刀、螺丝刀、克丝钳、镊子等，也是需要常备的工具。

第十节　陶质文物修复后的质量评估

一件陶质文物修复之后，要对修复质量进行评估。

一件陶质文物修复质量之所以有优劣之分，是因为修复者的技艺水平（注意：并非是单纯的技术水平）不同所致。修复技术固然重要，但这只是修复陶质文技艺的一个方面，属于表相。陶质文物修复的内容，远比技术修复丰富，其中还包括修复者所进行的艺术再创造的劳动。一位优秀的文物修复者，并不是仅凭技术干活的修理匠。这里提到的"再创造"，又绝对不是"新创造"，两者的根本区别在于一个"再"字。既然是"再"，必有"本"；文物有所残缺，"缺"即是"无"，因"无"而"补"，"补"由文物精髓而出，据"本"从"无"到"有"，是为再创造。

修复技艺是由修复工作者多方面素养的集成，文化内涵相当丰富，诸如长期的刻苦实践，对文物历史知识的积累，对文物神貌的理解，对文物质地、强度和现状的判断，对原材料从物理性能和化学性质方面的掌握，美学的修养、雕塑绘画艺术的造诣等等，加之肯于学习、敢于创新。若在此基础上，进而能与古人神合，则可达到技艺的佳境（当然，此艺不易达到）。修复技艺与这种因素的关系是相辅相成的，即理论与实践相结合。只有理论与实践完美和谐的统一，才会使修复技艺趋于成熟，臻于完美，达到"妙手回春"的境界。

西汉　彩绘四神纹陶壶

　　高 46.7 厘米　口径 17 厘米　腹径 32 厘米
　　1980 年洛阳饶烧沟西汉墓出土。器表用黑、红、赭三色绘纹。腹部主纹是汉代流行的四神纹。

第二章 陶质文物的分类

陶质文物品种繁多,一般按形制、用途分成盛贮器、庖(音袍)厨器、砖瓦等类别。考古工作者则将其划分为灰陶系、彩陶系、硬陶系等。前者是以用途来分类的,后者是为了做系统研究而作的分类。

陶质文物修复与陶器制作工艺有关,一般把陶质文物分为单色陶、彩陶、彩绘陶、泥塑陶塑、釉陶和砖瓦饰件六大类,每一类中都有划时代的名品名作。

第一节 单色陶

单色陶亦名素陶,指一次烧成的单一颜色的陶器,有灰陶、红陶、白陶、黑陶、印纹硬陶、紫砂陶等数种。

1. 红陶

红陶以黏土制坯,入窑后在氧化焰气氛中烧成,因陶胎中的铁元素转化为三价铁,故器表呈红色。红陶有泥质红陶和夹砂红陶两种。泥质红陶,含细砂极少,多用于制作陶质饮食器和盛储用具。夹砂红陶,含细砂较多,耐火性能好,多用于制作炊具。

红陶是新石器时代最早出现的陶器品种。一万多年前的河北徐水南庄头遗址、江苏溧水神仙洞遗址出土过中国最

屈家岭文化 红陶瓮

高 28.5 厘米 口径 35.6 厘米

仰韶文化 红陶瓮棺

高 65 厘米
口径 30 厘米
1978 年河南临汝
县阎村出土。

早的红陶器。母系氏族社会繁荣时期的仰韶文化、马家窑文化、马家浜文化、大溪文化等陶器都以红陶为主。精美的彩陶、彩绘陶，陶胎均是红色，也属于红陶。在以后各个历史时期，红陶的使用量虽然逐渐减少，但却一直没有中断过。

2. 灰陶

灰陶以黏土制坯，入窑后在还原气氛中烧成，陶胎中的铁氧化物还原为二价铁，使陶胎呈灰色、灰黑色。因黏土羼和料不同而有细泥陶、夹砂陶、精陶和硬陶之分。所以补配选用的填料亦要有变化。

灰陶在新石器时代早期斐李岗文化遗址中已有出土，在仰韶文化、龙山文化遗址中都有一定数量的灰陶出土，特别是用于蒸煮的陶器皿，多为夹砂灰陶。到夏代（二里头文化早期）时，灰陶和夹砂陶成为主流陶器。

灰陶品种很多，用途广泛，常见有鼎、鬲、碗、壶、俑、动物、模型、明器、砖瓦等。另有一些灰陶雕塑，如秦兵马俑，质地属于灰陶。

秦始皇陵出土的武士俑和陶战马，

夏代 灰陶绳纹三足鼎

表面曾用石青、石绿、土红、牙白等颜料进行过彩绘，应属于彩绘陶。因出土时绝大部分的彩绘已经剥落，只有在极个别的凹角处，还有极少量的彩绘遗存。若依据这些少得可怜的彩绘遗存对其进行原貌修复（仿色复原），是非常困难的，即使将彩绘全部复原，也无大的学术价值和实际意义，所以就把兵马俑当做单色陶看待了。对于那些极少量的彩绘，则应用涂敷加固法尽量保护。

3. 白陶

白陶用瓷土和高岭土制坯，入窑在1000℃左右烧成，呈灰白色或黄白色，器型种类较少，有罐、鬶、豆、壶等，最早出现在大汶口文化和龙山文化时期，长江流域的大溪文化和各地的商文化遗址中均有发现。

商代晚期，白陶烧制达到高峰，在今河南、河北、山西、山东等地的遗址或墓葬中均有出土，以安阳殷墟遗址出土的白陶器物最多。从出土的白陶壶、罍、鰛、卣、簋等器物来看，白陶选料精细，制作规整、精细，器表多饰饕餮纹、夔纹、云雷纹和几何纹，是仿制同期青铜礼器，为商代奴隶主贵族使用的一种生活器皿。

西周时，因多烧制印纹硬陶和原始瓷器，白陶器不再烧造了。

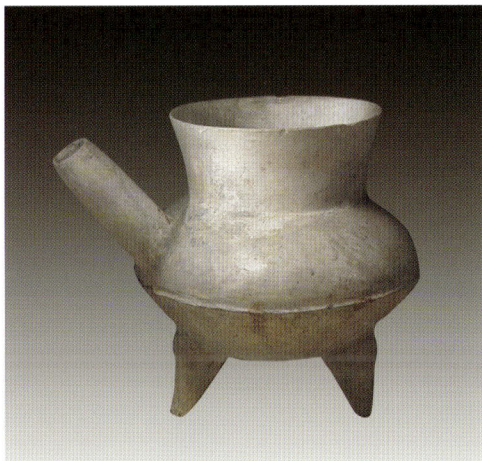

大汶口文化 白陶鬶

高 23 厘米 口径 13 厘米
山东省博物馆收藏
1959 年山东泰安大汶口遗址 47 号墓出土。

大汶口文化 白陶盉

高 61 厘米 口径 29.5 厘米
山东省博物馆收藏
1959 年山东泰安大汶口遗址 47 号墓出土。

4. 黑陶

龙山文化黑陶，造型规整，胎质坚密，器壁薄如蛋壳，又名蛋壳陶，最早出现于龙山文化时期，因颜色呈漆黑色、黑灰色而得名。陶土经过精细淘洗、捏练和陈腐，泥料颗粒细腻均匀，有优良的可塑性，用快轮成型，坯件均匀、细薄、美观，精美的坯体可薄到0.2厘米，犹如蛋壳。烧成时用浓烟熏，使胎体中渗入大量炭粒，通体呈黑色，胎体表面用坚硬而光滑的工具长时间地磨后，使坯体表面的石英、云母、绢云母等反光物质颗粒顺着一个方向排列，对光线的反射为平行反射，黑陶上还有刻划纹和捏塑装饰。

黑陶修复后要达到"整旧如旧"的效果，是比较困难的。一位有多年修复经验的老师曾说过："修陶者，若将黑陶修好，那他修陶器就算修到家了。"笔者在修复中山王国的黑陶时对此深有感触。

龙山文化　蛋壳黑陶杯

高17厘米　口径11.9厘米
山东省博物馆收藏
1960年山东潍坊姚官庄出土。全器为两部分相套合，杯身作宽沿，直壁圈底；下部杯柄作圆筒形，上下外侈，饰凹弦纹数道。以泥质黑陶轮制而成，器壁薄如蛋壳，表面乌黑光亮。

战国早期中山王国的黑陶，其表面均有光亮油黑似漆一样的纹饰。这些纹饰既不是如彩陶一样先绘后烧，也不属于彩绘陶那样先烧后绘，而是轧划上去的。据美术史专家陈鹏程老先生讲："轧划者即轧磨也。用坚硬、光滑、细密之玛瑙或珐琅质之蚌壳，在其上反复轧磨而成。"

现代人所做的仿制品，也有用此法生产。至于为何经过轧划就会出现油黑色的效果，原因在于这种陶器的质地是呈黑灰色的，这是产生油黑色的基础。黑陶干坯经轧划后，陶土中的分子结构受摩擦力的作用而重新排列。这种重新排列又受到电磁场的制约，所以呈规律排列，即按"正"、"负"极的顺序。这样在轧划处（再经焙烧）就产生了油黑色的效果。

黑陶的黑色是用轧划法而来，那么在修复中可否也用玛瑙之类工具来轧划呢？

战国 磨光轧划纹黑陶鸭形壶

高 28 厘米

河北省文物研究所收藏

1977 年河北平山县中山国国王墓出土。鸭形尊是礼器中的酒器。以双鸭足为尊的足、平底、球腹、圆肩、高顶、圆盖，前为鸭首形流，后为燕尾，装饰兽纹、卷云纹和波折纹。

战国 磨光轧划纹黑陶壶

高 52.5 厘米

河北省文物研究所收藏

1977 年河北省平山县战国时期中山国国王墓出土四件，均为随葬明器。造型考究，器形之线条挺拔优美，表面光亮，好似涂饰了一层薄漆，上面饰有轧划纹有规律地排列组成美丽的图案，十分雅致。

这对全是素面的黑陶来讲，答案是肯定的。但在修复诸如中山王国黑陶上的暗花却无法实现。笔者曾用玛瑙轧子做过多次试验，均未能获得良好的效果。所以，只能将修复彩绘陶和釉陶的工艺结合应用，以求获得类似的效果。

5. 印纹硬陶

印纹硬陶亦称硬陶，是新石器时代晚期我国南方地区首先出现的一种陶器，用含铁量很高的黏土烧成，胎质呈紫色、红褐色、灰褐色或黄褐色；因烧成温度较高，有的达到烧结程度，少数陶器因烧成温度高，表面有熔化光泽，似施有一层薄釉。

商周时期，印纹硬陶兴盛，有罍、罐、尊、釜、碗、杯、豆等，有的器物高达99厘米。器表多拍印叶脉纹、云雷纹、人字纹、绳纹、方格纹、回纹、曲折纹、菱形纹、波浪纹、夔纹等。

战国秦汉时印纹硬陶变化不大，主要有瓮、罐、坛、瓶、钵、盂、缸、匏壶等。新的纹饰主要有漩涡纹、S纹、麻布纹、米筛孔形纹、水波纹、栉齿纹、圆珠纹、篦纹、纹饰，与器形协调得体，比较美观。

战国时期，随着暗纹陶、彩

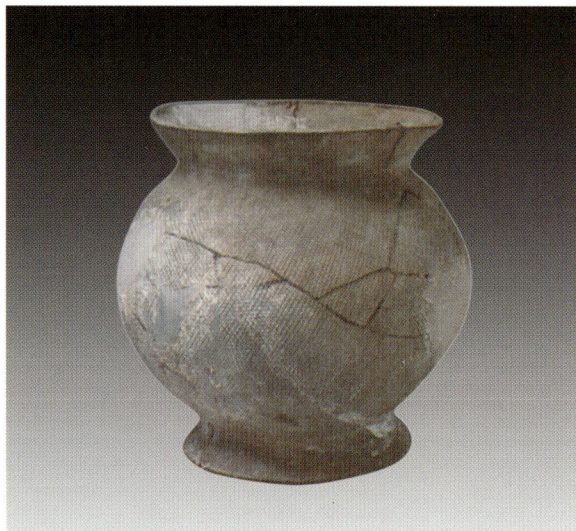

商代　印纹硬陶罐

高16厘米　口径15厘米
1966年山东益部（今青州市）苏埠屯出土。夹细砂灰陶，胎质坚硬细密。方唇折沿，溜肩鼓腹，圈足外撇，腹部拍印方格纹。

春秋中期　印纹硬陶罐

高20厘米　口径15厘米　底径17.5厘米
浙江省文物考古研究所收藏
1989年长兴县石狮村土墩墓出土。

绘陶器等的兴起和迅速发展而走向衰落，至汉代以后逐渐消失。

6. 紫砂陶

紫砂壶产于江苏宜兴，是一种不挂釉以泥色为美的茶具。泥色有朱泥、紫砂泥、白泥、乌泥、黄泥、松花泥等，色泽温润，古雅可爱。由雕刻艺人把诗词、书画、篆刻在壶体上作为装饰，富有诗情画意。

紫砂壶始于明代，清嘉庆道光年间，以陈曼生为代表的文人参与紫砂壶设计，推动了紫砂陶刻艺术的发展，有"字随壶传、壶随字贵"之说法。宜兴紫砂壶有商品壶、工艺壶之分，商品壶有细货、粗货之分。最常见是按器型把紫砂壶分为花货、光货、筋纹货三大类。

花货又名"塑器"，系以雕塑技法塑植物、瓜果之形为紫砂壶。

光货是指壶身为几何体的紫砂壶，器表修饰得极其平整光滑，有圆器、方器两大类。

筋纹壶仿自唐代以来的金银、铜、锡酒具，紫砂艺人把类似南瓜棱、菊花瓣等曲面形的单元纹样叫"筋纹"。以"筋纹"为单元构成壶形，做到器表和器内都由"筋纹"构成，口部和壶盖"筋囊"上下对应，合缝严密，具有很高的审美价值。

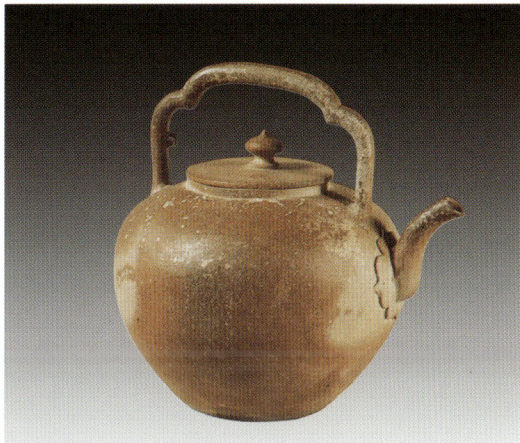

明嘉靖　紫砂提梁壶

高 17.7 厘米　口径 7 厘米
南京博物院收藏
此壶是在南京中华门外马家山油坊桥明代司礼太监吴经墓中出土，墓碑刻有"明嘉靖十二年"字样，是我国有纪年可考的的最早紫砂壶。其泥料质地、烧成工艺和火候、制作技法与羊角山宋代古窑出土的紫砂陶器残外部完全一致。明代太监专权，而此紫砂壶在明代中期一位司礼太监墓中发现，说明紫砂器在明中期已非同一般了。

明万历　紫砂六方大彬壶

高 11 厘米　口径 5.7 厘米
扬州博物馆收藏
1986 年在扬州江都丁沟乡出土。墓主曹氏，发掘时有砖刻地券一方，注明为明代万历四十四年墓葬，壶底款刻"大彬"。为紫砂光货代表作。

明万历　玉兰花六瓣紫砂壶

高8厘米
宽12.1厘米
剔款：万历丁酉春　时大彬制
香港茶具文物馆收藏

"万历丁酉"为明万历二十五年(1597)。为紫砂筋纹器的代表作。

明正德　供春款树瘿紫砂壶

高10.2厘米　宽19.5厘米
国家博物馆收藏
又名供春壶，相传是明代正德年间民间紫砂艺术大师供春（又称龚春）所创壶式。
1928年储南强先生在苏州某地摊上购得。经考证是吴大澂收藏过的供春原品，此壶盖乃清末壶艺高手黄玉麟后配的，壶盖及纽作南瓜蒂状。后来黄宾虹先生见到此壶，告知壶身为树瘿，黄玉麟所配之盖为南瓜蒂，二者并不相称。储南强遂请当时制壶高手裴石民重配一个树瘿盖，并在壶盖筒上由黄宾虹书写铭文以记其事云："作壶者供春，误为瓜者黄玉麟，五百年后黄宾虹识为瘿。英人（指英国人）以二百金易之而未能，重为制者裴石民，题记者稚君。"1953年储南强先生将此壶捐献给中国历史博物馆收藏（现为国家博物馆）。

第二节 彩陶

　　彩陶是在打磨光滑的橙红色陶坯上，以天然矿物颜料（赭石和氧化锰作呈色元素）描绘各种纹饰，然后入窑烧制。陶质多为红陶，在橙红色的胎体上呈现出赭红、黑、白等诸种颜色的图案。

　　彩陶发源于新石器时代早期，是人类开始定居从事农耕生产而出现的。关中地区大约在公元前 6000 年的老官台文化（关中地区）有较发达的陶器，有个别钵形器口沿装饰一条宽彩带，这是彩陶的萌芽。在公元前 5000 年的西安半坡村的仰韶文化遗址，发现很多精美的彩陶。彩陶多为生活用品，有盆、瓶、罐、瓮、釜、鼎等，色

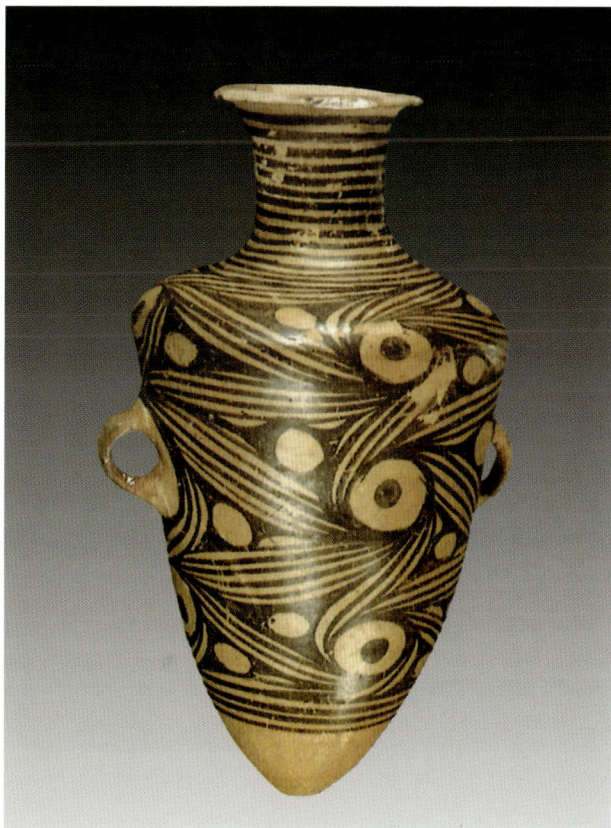

马家窑文化　彩陶旋纹尖底瓶

高 54 厘米
口径 6.5 厘米
国家博物馆收藏
　　1972 年陕西临潼县姜寨出土。此瓶为细砂红陶，小口，尖底，深腹，腹侧有两耳，可系绳。当瓶空时，重心靠上；汲水时，瓶倒置水中，水便注入瓶内，使重心下移，瓶自动竖起，使用方便。这是仰韶文化遗存中特有的产品。

彩较单调，但工艺水平相当高超，具有很高的学术价值和美学价值。彩陶记载了人类文明初始期的经济生活、宗教文化等方面的信息。

过去，西方考古学家曾认为中国彩陶源于古代巴比仑，随着我国考古事业的发展，发现了越来越多的彩陶器，于是，"中国彩陶西来说"便被否定了。事实证明，中国

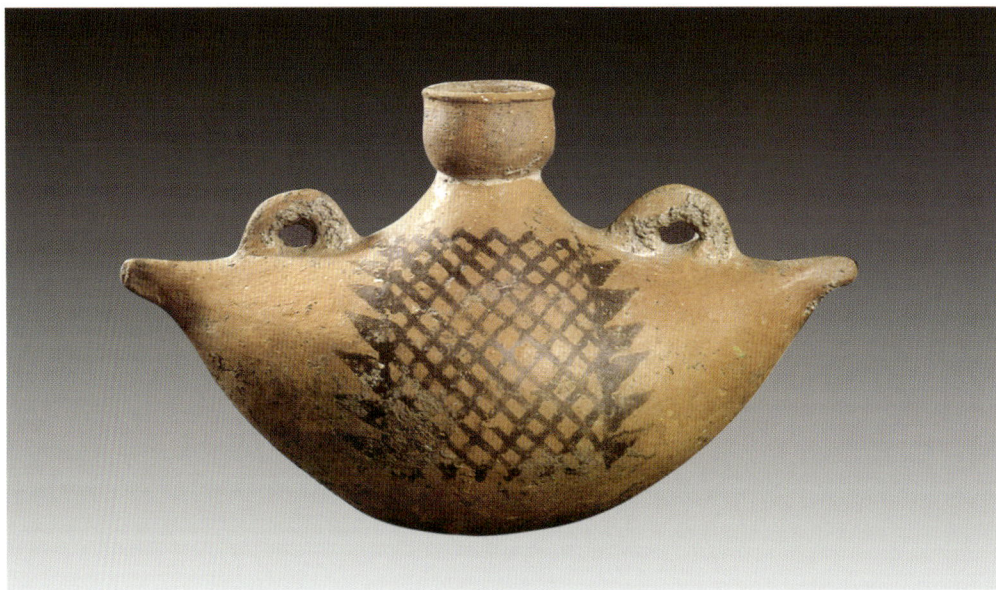

马家窑文化 彩陶网纹船形壶

高 28.5 厘米   口径 13 厘米
青海省文物考古所收藏
1978 年青海省民和县出土。

马家窑文化 彩陶蛙纹双耳壶

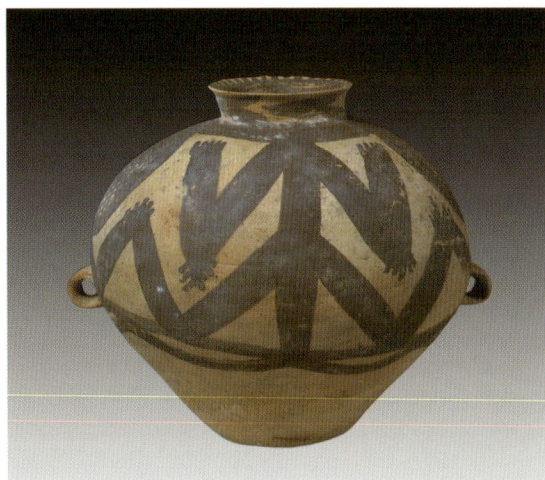

高 31.5 厘米
口径 10.5 厘米
青海省文物考古所收藏
1976 年青海乐都县出土。

彩陶文化分布广泛，延续时间长达五千多年，跨越老官台、仰韶、马家窑、大汶口、屈家岭、大溪、红山、齐家等文化，在世界彩陶史中以历史最长、艺术成就最高著称。

第三节 彩绘陶

彩绘陶是在单色陶（多为灰陶）上有彩绘纹饰的陶器，工艺特点是先烧后绘。彩绘陶大多是雕塑与绘画集于一体的艺术品，历代均有制造，不乏佳品。

彩绘陶始于新石器时代晚期，常用红、黑、黄、白、赭等色绘纹，因绘制后不再烧彩，彩绘层与陶体之间是颜料中的胶质物与陶体相粘接，彩绘层与陶体之间的牢固性较差，彩绘极易磨损脱落。彩绘陶、彩陶和泥塑的修复工艺是一样的。

新石器时代晚期长江流域的屈家岭文化、马家浜文化，黄河流域的陕西、河南、山东龙山文化都出土过绘陶器。龙山文化陶寺类型遗址出土的彩绘蟠龙纹陶盘，代表了当时最高水平。

战国、秦汉时期是彩绘陶繁荣期，墓葬中的陶壶、豆、盘及鼎、尊的盖等几乎通体绘彩，颜色丰富，纹饰复杂。此时还出现了人物故事彩绘纹，如河南密县后郭村出土东汉陶仓楼正面彩绘地主收租图，图中绘4人，其中2人正往粮袋中装粮，身边

汉代 彩绘人物陶樽

高约18厘米，口径21厘米
河南省洛阳市文物工作队收藏
1972年河南省洛阳市出土。陶樽是汉代的一种盛食器，造型为圆柱形，下有三足。在汉代的壁画、画像砖的宴饮场面中常见。这件陶樽最吸引人之处就是它的彩绘人物画。画面以红色为地，以黑色勾勒线条，然后在人物衣饰上涂黑白颜色。画面有五人，均穿右衽长袍、腰束宽带，其中一人正挥袖起舞，四人跪坐。人物间绘有林木，画面上下绘有三角云纹。线条流畅，人物传神。

西汉 彩绘陶钫

通高 47 厘米 口径 12 厘米
底径 14.5 厘米
陕西博物馆收藏

陕西临潼新丰镇出土。方口，束颈，鼓腹。圈足呈方形。带盖，盖上有钮。腹部两侧贴塑对称的兽面衔环铺首，并绘流动的云气纹。肩部绘三角形图案。

西汉 黄釉绿彩奁

高 17 厘米 腹围 59 厘米
口径 18.55 厘米
陕西博物馆收藏

筒腹，平底，下承三兽足，带盖。盖上有三个蜗牛状钮。器物表面以酱黄釉作地，上绘绿彩云气纹样，腹部凸弦模印几何图案。

有斗、斛、粮堆。两侧各 1 人，均头裹平帻，身着黑衣，左侧 1 人双手执箕，右侧 1 人腰间佩剑。背面为彩绘饲弓图。彩绘陶还大量用于随葬陶俑。秦始皇陵及西汉杨家湾大墓出土上千件兵马俑，均为彩绘陶。

彩绘陶在唐代已走向衰落，沿用器形有塔形罐、卷沿罐、盆、碗等，纹饰多用仰、覆莲花，也有少量菊花、梅花。唐代随葬生肖俑大都施彩绘，有些三彩俑的脸部多在烧成后施彩绘。唐代以后彩绘陶不常见，所彩绘花纹潦草简单，至明代消失。

汉代 彩绘陶仓楼

高 148 厘米

河南省博物馆收藏

河南省焦作市出土。陶仓楼有五层。楼前有一小院，大门两侧为双阙楼，院内有台阶，可直达二楼，二楼有出檐平台，上有一人正在观望。三、四层楼均出房檐、斗拱。第五层楼为望楼，楼顶立一鸠。全楼彩绘艳丽，为汉代陶楼中仅见的珍品。

第四节 泥塑和陶塑

　　泥塑，用粘土塑制成各种形象的手工技艺。泥塑中有彩绘者，其造型工艺和绘制手法与彩绘陶艺术品是一样的。陶塑和泥塑，原料与制作工作相同，区别在于是否焙烧过。

1. 史前泥塑艺术

　　我国泥塑艺术可上溯到距今四千年至一万年前的新石器时期，史前文化地下考古有多处发现，如浙江河姆渡文化遗址出土的陶猪、陶羊，年代约为六千至七千年前左右；河南新郑裴李岗文化遗址出土的古陶井及泥猪、泥羊头，年代约为七千年前。这些可确认是人类早期手工捏制的艺术品。

2. 史前陶塑艺术

　　新石器时代中期已出现人像、动物、房屋和舟船模型等陶塑，有些已成为独立雕塑品，具有较高的艺术水平，并见

仰韶文化　陶鹰鼎

　　高 35.8 厘米　口径 23.3 厘米
　　国家博物馆收藏
　　1958 年出土于陕西省华县一座仰韶文化时期女性墓葬中，可能是当时的祭祀用品。陶鼎之形为一只伫足站立的雄鹰。陶鹰双目圆睁，喙部呈有力的勾状。陶鹰的前胸是鼎腹，饱满粗壮，器口位于鹰背上。鹰两翼贴于身体两侧，尾部下垂至地，与两只粗壮的鹰腿构成三个支点。形成一种前扑的动势，配上鹰头部的大眼、利喙，使这只鹰显出威风凛凛、桀骜雄猛的气势。

大汶口文化　兽形红陶壶

　　高 21.6 厘米
　　山东省博物馆收藏
　　1959 年山东泰安大汶口出土。夹砂红陶，以张口待食的小猪为壶型，背装提梁，近尾处安一个筒形口，与张嘴分作受水和注水口。器表磨光，饰红陶衣。

良渚文化 豚形陶壶

长 32.4 厘米
南京博物院收藏
　　1960年江苏吴江梅堰镇遗址出土。体形约为自然豚的1/7。泥质灰陶，鸟喙形尖嘴，双目前视，头冠后卷，形体肥圆，圆管状尾，腹内空。体下设三小支点以起稳定之用。捏塑手法率意洗炼，形象却十分生动。

于各支原始文化遗存。最著名的陶塑人像，当属辽宁喀左县东山嘴红山文化的孕妇裸像和在建平县牛河梁发现的同一文化的彩绘女神头像。动物陶塑在新石器时代流行，其数量和种类比人像还多，有猪、牛、羊、狗、鱼、鸟、蚕、壁虎等独立雕塑品。

3. 随葬陶俑

　　随葬陶俑，历代均有制作，以秦代兵马俑成就最高，形体与真人真马大小相似，形象生动而传神，整个军阵严整统一，气势磅礴，充分展现秦始皇当年"奋击百万"、"战车千乘"，统一中国的宏伟情景。

　　汉代陶俑是汉代雕塑艺术中的重要门类，

秦代 灰陶跪射武士俑

早期与秦代兵马俑相似，也用整齐的军阵来模拟送葬的规模，陶俑规格也比秦俑小得多。之后有彩绘女侍俑，模制烧成陶后敷涂色彩，轮廓线条流畅优美，富有生活情趣。渐至东汉，这种侍仆舞乐俑成为主流，兵马俑不再出现，造型对象转为舞女、侍仆、农夫和市井人物等，形象生动活泼。东汉说唱俑刻画了说唱者手舞足蹈演唱的神态，成为汉代俑人的代表作。

汉代以后，陪葬俑的总趋势是逐渐衰落，但在宋代以前仍很兴盛，在墓葬考古

汉代 击鼓说唱陶俑

高 56 厘米

国家博物馆收藏

1957 年四川成都市天回山出土。汉代民间盛行说唱表演，这种演员当时叫"俳优"，以调谐、滑稽、讽刺表演为主，并以此来博得主人和观赏者的笑颜。汉代皇室贵族、豪富大吏，蓄养俳优之风很盛。俳优随侍于主人左右，作即兴表演，随时供主人取乐。表演时，他们一般边击鼓边歌唱。

汉代 杂技陶俑

高 24 厘米

河南省洛阳市文物工作队收藏

1972 年河南省洛阳市出土。汉代百戏杂技非常盛行，倒立即是流行的表演项目之一。这件文物表现的三人倒立动作，不仅需要力量，还需要高超的技巧和默契的配合，反映了中国杂技艺术的优良传统。

中仍时有发现，其中不乏佳作，为今人了解各个历史时期的风貌留下了珍贵的形象资料。但终不及秦汉、南北朝时期兴盛。

北齐　灰陶武士俑

　　高 49 厘米
　　河北省博物馆收藏
　　1974 年河北磁县孟庄出土。

北朝　陶武士俑

　　高 60 厘米
　　山东省博物馆收藏

4.随葬陶器

随葬陶器,历代均有制作,以汉代随葬陶器最有特色,数量和品种之多,为历代之首,不仅有陶鼎、盒、壶、罐、炉、碗、盆、陶釜、甑、盉等日用陶器,还有谷仓、陶灶、亭台楼阁等模型以及猪、狗、牛、马等陶俑。

东汉 灰陶猪舍模型

长 24 厘米
宽 23.5 厘米
高 15 厘米
河北省博物馆收藏
1980 年河北省汲县出土。汉代流行"事死如生"的习俗,故墓中有各种墓主生前拥有物的各种陶质模型。

东汉 灰陶灶模型

长 31 厘米
宽 29 厘米
高 8.5 厘米
河南省博物馆收藏
河南省灵宝县出土。这是汉代人"事死如生"习俗的反映。考古文博界把这种模型简称为"汉灶"。因地区不同,汉灶的形制与纹饰不同,但都是有吉祥寓意的。

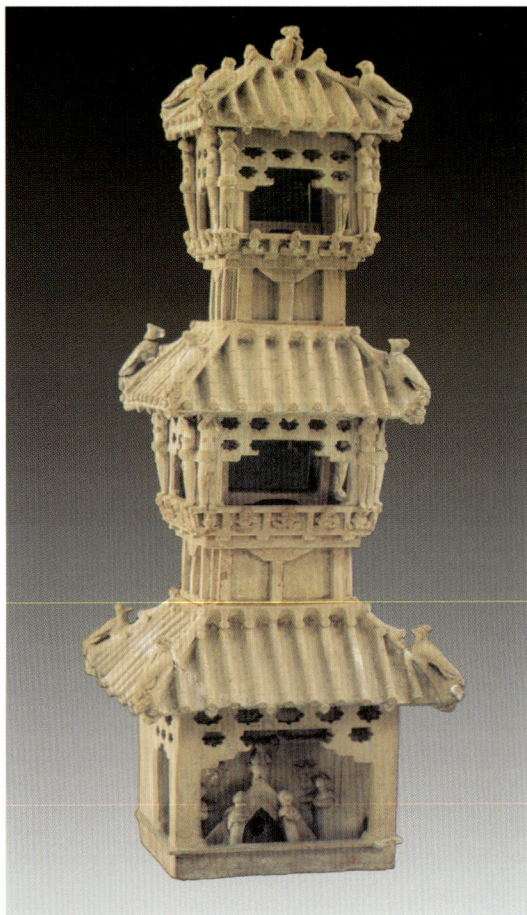

汉代 陶楼

　　高 147 厘米
　　河南省博物馆收藏
　　1952 年河南省淮阳县九女冢出土。在汉代墓葬中，尤其是在东汉时期的中原地区的墓葬中，陶制楼阁模型屡有发现。这种现象是东汉时期封建庄园经济空前发展，豪强贵族聚族而居，坞壁林立的一种真实写照。高大的楼阁一方面是庄园的望楼，居高临下，易守难攻，是坞壁军事防守的据点；另一方面，高台楼阁又是财富的堆积。
　　这件陶楼的造型奇特，分为三层，通体施釉。最下面一层五人相聚欢谈；第二、三层无人。陶楼三层均出檐，每层的建筑构件如立柱、额枋、斗拱、栏杆等都细致地表现出来。每层房檐四角各有一大鸟，陶楼最高层正脊正中立一大鸟，陶楼内外作为装饰的大小人形共有 52 人。这座陶楼充分表现了汉代建筑的风格和特点。

汉代 灰陶狗

　　高 36.5 厘米
　　长 43 厘米
　　河南省博物馆收藏
　　河南省辉县出土。陶狗是汉代墓葬中常见的随葬品，出土数量较多，似由汉代专门制造明器的作坊生产。

5. 彩塑

彩塑以黏土加上纤维物、河沙、水，揉合成的胶泥为材质，在木制的骨架上进行形体塑造，阴干后填缝、打磨，再着色描绘的作品，因摆放位置与使用范围不同，可分为石窟彩塑、庙宇彩塑、陵墓彩塑、民俗彩塑等。

敦煌彩塑现存 2000 多身，为研究我国雕塑艺术和继承民族艺术遗产，提供了重要的实物资料。

西凉 彩塑交脚弥勒菩萨像

位于敦煌第 257 窟西壁，是现存年代最早、最大的彩塑交脚勒菩萨像。

在唐代以前的石窟造像中，弥勒有思惟坐姿像（一条腿搭在另一条腿上，右手支腮作思惟状）和交脚坐姿像两种。

西魏　彩塑—佛二菩萨像

位于敦煌第432窟中心柱东向龛，为北朝西魏年间所塑，后世有修补。

唐代　彩塑—佛二弟子二菩萨二金刚像

位于敦煌第45窟，盛唐彩塑。

第五节　釉陶

　　釉陶指表面施釉的陶器。釉陶是先烧素坯（窑温 1000℃左右），然后再施着色剂和釉料，二次烧成。釉陶所用低温釉，亦称铅釉。铅釉是以氧化铅作助熔剂的釉料，釉烧温度在 500℃至 800℃，呈色原料是金属化合物，如用氧化铜呈绿色，用氧化铁呈黑色，用氧化钴呈蓝色，用氧化铁与氧化钴按不同比例混合，釉面呈现深浅不同的黄褐色。

　　釉陶修复在陶质文物修复中最为复杂，难在表面施釉、仿釉工艺较难掌握。

1. 汉代铅釉陶

　　铅釉陶是西汉武帝时期出现的一种表面挂铅釉的陶器，胎为陶质，釉有黄、褐、绿等色，其中以绿釉流行。熔点700℃至800℃。釉层晶莹透明，光泽平滑。

　　墓葬中出土的汉代铅釉陶，表面往往带有一种"银釉"，其实是

汉代　绿釉陶壶

高 38.8 厘米
口径 20.7 厘米
底径 23.6 厘米
台北"故宫博物院"收藏
此壶为汉代陶工仿青铜器造型而制。外形为圆腹、长颈的"锺"形，内外皆饰暗绿色的铅釉，并且对称贴上兽面衔环。
　　在汉代，这类绿釉陶器多是随葬品，通称为"明器"。由于绿釉经过地下埋藏而变化，使得器表出现带有银白与霓虹般璀灿如金属的色彩，受到历代皇室的珍藏。清朝乾隆皇帝爱此壶，写下一段鉴赏文字，令如意馆艺人刻在此壶的圆腹上。

一种釉中铅分子以金属铅的形式在釉面上析出所致。铅釉陶在东汉时期极为盛行，大都是明器，无一实用器。

2. 三彩陶

三彩陶出现在盛唐时期，后世称作"唐三彩"。

这是一种低温釉陶，在色釉中加入不同的金属氧化物，经过焙烧，形成浅黄、赭黄、浅绿、深绿、天蓝、褐红、茄紫等多种色彩，但多以黄、褐、绿三色为主。色釉具有浓淡变化、互相浸润、斑驳淋漓的效果，显出堂皇富丽的艺术魅力。

唐三彩种类繁多，有人物、动物，用于随葬明器。三彩人物和动物的造型比例适度，形态自然，线条流畅，生动活泼。在人物俑中，武士肌肉发达，怒目圆睁，剑拔弩张；女俑则高髻广袖，亭亭立玉，悠然娴雅，十分丰满。动物以马和骆驼为多。

在唐右卫大将军墓中出土了一件骆驼载乐俑。这匹骆驼昂首伫立，通体棕黄色，从头顶到颈部，由下颌到腹间以及两前肢上部都有下垂长毛，柔丽漂亮。驼背上架有平台并铺有毛毯。平台上左右各坐胡乐俑二人，而且是背对背而坐，正在吹打乐器，有一俑站在中央，翩翩起舞。这三个乐俑个个深目高鼻，络腮胡须，身穿绿色翻领长衣，白色毡靴，

唐代　三彩陶骆驼载乐俑

通高 66.5 厘米
长 42 厘米
国家博物馆收藏
1957 年陕西西安鲜于庭诲墓出土。

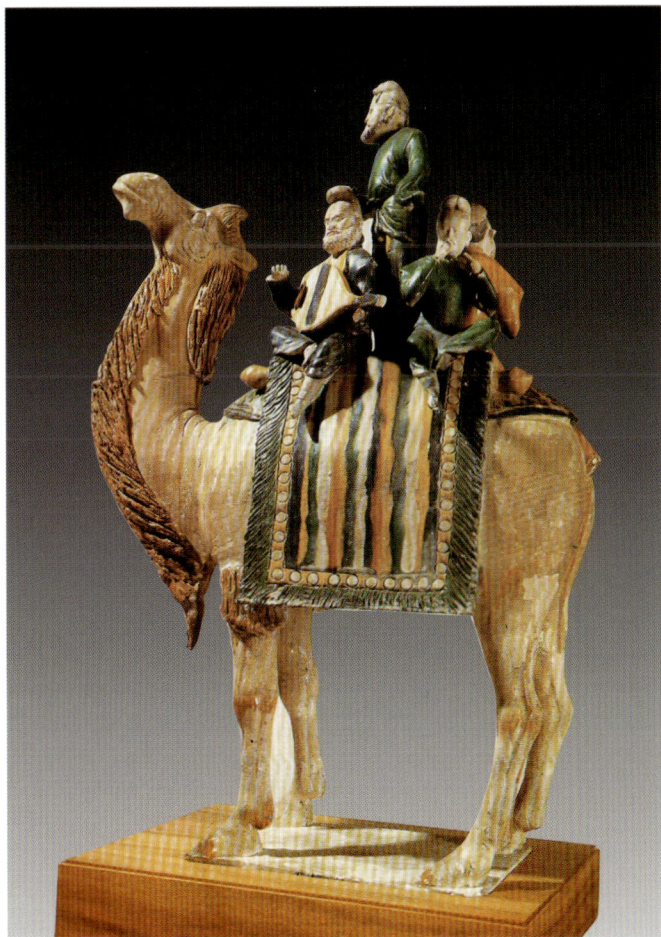

只有前面一人穿黄色通肩大衣。这件高大的驼载乐舞俑精美绝伦，令人赞叹！

唐三彩是唐代陶器中的精华，在初唐、盛唐时达到高峰。安史之乱以后，唐王朝逐步衰弱，唐三彩器制作逐步衰退。后来有"辽三彩"、"金三彩"，但在数量、质量以及艺术性方面，都远不及唐三彩。

唐代　三彩天王像

　　左天王像高89厘米　右天王像高90厘米
　　辽宁省博物馆收藏
　　唐代三彩天王像，出土数量较多。造型为写实风格，形象刻画生动，是唐代高级将领的传形写照，也是研究唐代服饰的实物资料。

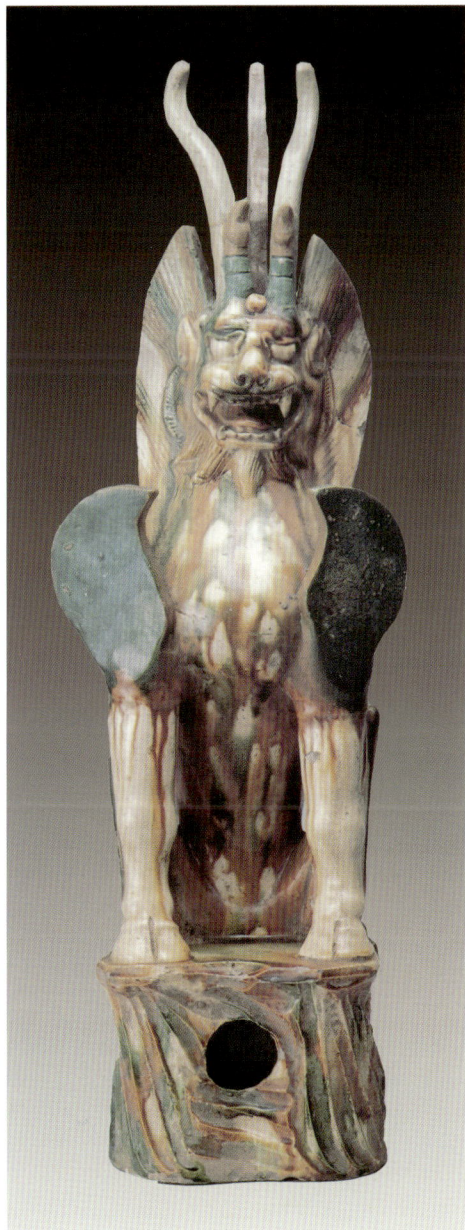

唐代 三彩镇墓兽

　　左镇墓兽高 71 厘米　　右镇墓兽高 86 厘米
　　辽宁省博物馆收藏
　　陕西省西安市十里铺唐墓出土。唐代三彩陶镇墓兽出土较多，大小规格不一，但造型大致相同。这对三彩镇墓兽，形象刻画尤为生动，是唐三彩镇墓兽中的精品，曾多次出国巡回展览。

唐代 三彩马

高 72 厘米 长 83.8 厘米
唐代懿德太子墓出土。

唐代 三彩罐

高 26 厘米
辽宁省博物馆收藏

唐代　三彩骆驼俑

　　骆驼高 88 厘米　长 80 厘米　俑高 59 厘米
　　河南省文物工作队收藏
　　1981 年河南省洛阳龙门安菩墓出土。

辽代　三彩水波纹菱花长盘

　　高 2.4 厘米　口径 14.3 厘米 × 24.7 厘米　底径 10.5 厘米 × 20.8 厘米
　　辽宁省博物馆收藏

3．珐华

又称法花、法华，低温色釉之一，有黄、白、蓝、绿等多种色釉，多用于制作佛像、佛堂供器等。

珐华釉烧制技术源自于琉璃，因用途不同，改用牙硝做熔剂，而且画纹饰的方法也不同，是先在陶胎表面采用立粉方法勾勒出纹饰的凸线，或者堆贴出纹饰的轮廓，然后将所需的彩料分别填入，或为彩色地子，或为彩色花纹，然后入窑烧造而成。工艺原理与掐丝珐琅相仿。

据《饮流斋说瓷》载，珐华釉始见于元，而流行于明，多为北方窑场烧制。珐华有陶胎和瓷胎两种，陶胎珐华产于山西一带，瓷胎珐华由景德镇烧造，大致在明宣德朝始烧，流行于明中期。

4．石湾窑仿钧釉陶

石湾窑在广东佛山，创烧于北宋时期，兴盛于明清，以仿钧釉而著称，胎体较厚重，釉厚光润，尤以仿钧釉的蓝色、玫瑰色、墨彩和翠毛蓝等最为突出；还善仿宋代各大名窑——官、哥、汝、钧诸名窑产品，从材质运用、技法处理、艺术造型等方面都仿得惟妙惟肖，而且有创造性的发展。以"渔、樵、耕、读"为题材的石湾陶塑，是典型品种，以"胎釉深厚朴实，造型

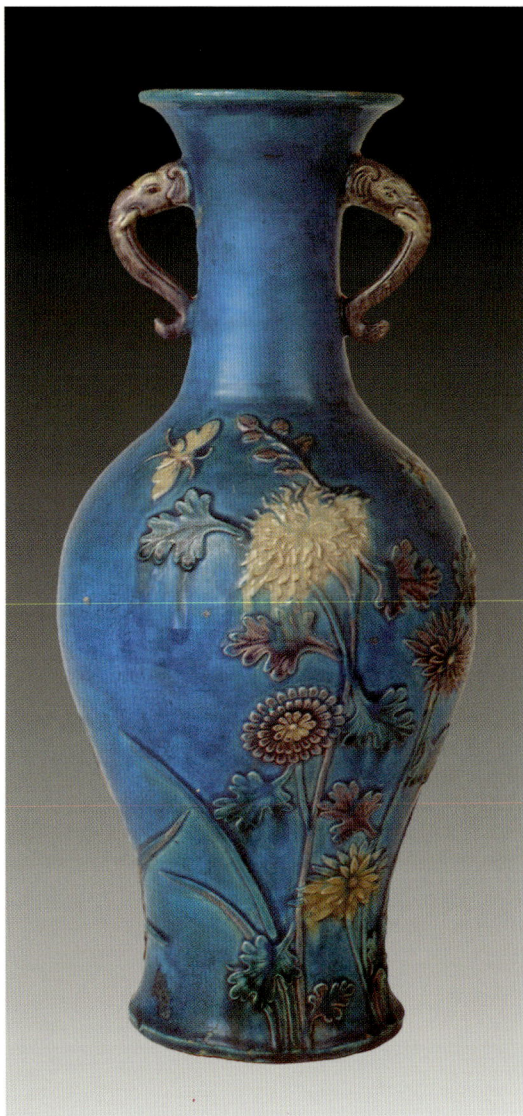

明代　珐华釉陶菊蝶纹双耳瓶

高 46.3 厘米　口径 12.9 厘米
辽宁省博物馆收藏

黄白色胎，坚硬。喇叭形口，长颈，溜肩，腹部下收，圈足。颈部附象耳。腹部两面分别堆塑丛菊及对飞的蜂蝶。内施蓝色釉，外施黄釉。花叶以紫、白、绿三色釉交错使用，色彩鲜艳，纹饰寓"安居（菊）乐业"之意。

生动传神，技法多姿多彩"的艺术风格风靡天下。

自晚明以来，石湾窑仿钧釉陶上多见制作者款识和店号印章，如明代晚期有"祖唐居"、"可松"、"陈粤彩"等；清代康熙年间有"两来正记"、"文如壁"；清代乾隆年间有"沅益店"、"大昌"、"宝玉坊"、"如璋"、"来禽轩"等。

明代　石湾窑玉兰花式花插

高 20.3 厘米
口径 16.1 厘米
底径 7.3 厘米

第六节　砖瓦饰件

陶质文物中还有砖瓦饰件，如砖雕饰、画像砖、瓦当、筒瓦、板瓦、铺地砖、空心砖、脊兽等。这类砖瓦石饰件多为灰陶，为民居建筑材料。

这类文物在制坯时地取土，制坯不精细，内部孔隙多，埋藏地下很易被盐类侵蚀，所以出土时多为破损，断裂和酥粉。

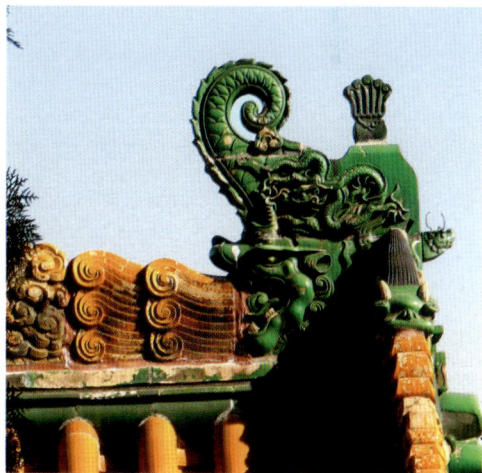

1. 琉璃砖瓦构件

琉璃砖瓦是中国古代建筑装饰构件，在南北朝时期始用于宫殿、庙宇、陵寝等重要建筑的屋顶和影壁，成为中国古代建

琉璃螭吻

绿色琉璃螭吻，表示此建筑物的级别略低。

筑特色之一，有筒瓦、板瓦、句头瓦、滴水瓦、罗锅瓦、折腰瓦、走兽、挑角、正吻、合角吻、垂兽、钱兽、宝顶等构件品种。

琉璃砖瓦为陶胎，经1100℃以上高温烧制后，再涂琉璃釉料，经800℃至900℃烧成。

琉璃亦作"瑠璃"，本义是指用各种颜色的人造水晶（含24%的二氧化铅）为制品，晶莹剔透、光彩夺目。琉璃釉为生铅釉，以铅丹作助熔剂，以黄丹（氧化铅）和火硝（硝酸钾）为氧化剂，以氧化铁、氧化铜、氧化钴、二氧化锰等金属氧化物为呈色剂，因各种呈色剂不同的比例搭配，可制出黄、蓝、绿、白、孔雀蓝、茄皮紫等釉色。

北京太庙正殿

屋顶全部采用黄琉璃瓦，表示是最级别的皇家建筑。

北京北海琉璃九龙壁（局部）

2．画像砖

画像砖是指表面有浮雕纹饰的砖。起源于战国时期，盛行于两汉，一般拼嵌在墓室壁上，成为墓室壁画。

画像砖上的浮雕纹，一般用拍印和木模压印成型，然后入窑烧成，少数是在砖上刻出纹饰，有浅浮雕、阴刻线和阳刻等形式，有的画像砖还上彩。大多数画像砖为一砖一个画面，也有一砖上有上下两个画面的。画面内容广泛，几乎包罗万象，反映了汉代社会生活的各个方面。有的表现劳动生产场景，如播种、收割、舂米、酿造、盐井、桑园、放牧等，有是描绘社会风俗，如车马出行、宴乐、杂技、舞蹈等，有的表现神话故事，如西王母、月宫等，画像砖不仅是美术作品，也是记录当时社会生产、生活的实物资料。

南朝墓室仍盛行画像砖，有牛车出行、鼓舞、驮马运输、竹林八贤等，艺术水平很高。

汉代 戏车画像砖

残长 62 厘米 宽 32 厘米
河南省博物馆收藏
1981 年河南省新野县出土。这块画像砖表现在马车上表演杂技百戏的惊险场面。

南朝 画像砖（二块）

高 19 厘米 长 38 厘米
河南省博物馆收藏

邓县学庄南朝墓出土。砖雕安装在墓室内两侧前砖柱上。上图为主人乘牛车出行，下为仆人赶马驮运货物，形象生动，反映了南朝贵族、豪强的日常生活。

3.砖雕

砖雕是在质地细密的青砖上雕刻人物、山水、花卉等图案的工艺,用于寺塔、墓室、房屋等建筑物的壁面装饰。战国时已有花砖,宋代砖雕多用于墓室,雕法多样。明清时期,砖雕广泛用于民居的建筑构件或大门、照壁、墙面的装饰,题材丰富,多为龙凤呈祥、和合二仙、刘海戏金蟾、三阳开泰、郭子仪做寿、麒麟送子、狮子滚绣球、松柏、兰花、竹、山茶、菊花、荷花、鲤鱼等寓意吉祥图案,技法精湛。

砖雕工艺分修砖(以砖蘸水磨平)、上样(在砖面上贴上图样)、刻样(用小凿描刻出花纹轮廓)、打坯(先凿出四周线脚,再凿主纹、次凿底纹)、出细(进一步细雕)、磨光(用糙石细细磨光)。如砖质有砂眼,还用猪血调砖灰修补后完成。

明清砖雕有北京砖雕、天津砖雕、山西砖雕、徽州砖雕、苏州砖雕、广东砖雕、临夏砖雕(河州砖雕)等艺术流派。

安徽宏村古代民居砖雕门楼

天津古民居影壁上的花鸟纹砖雕

清代陆军部海军部大楼上的砖雕装饰

第三章 陶质文物修复中的清洁工艺

清洁，是清除陶器表面、陶块断折面及缝隙内的泥土污物的工艺过程，是粘拼前的准备工作，是保证粘接牢固的前提条件。对陶质文物进行清洁的目的有两个：

第一，因陶器表面有不洁之物，掩盖了真面目，有碍于展示文物的全貌和美感魅力，需加以清理。但陶器表面的污锈、泥锈和水锈又是体现文物古老的特征之一，也是推断其产生年代的参考依据之一，据此又不该清除。如何解决这一矛盾，传统的作法是"适可而止"，只要不碍大局，则应适当清除，但绝不能完全彻底。如一件陶仓楼的表面附着水锈和泥锈，使观者容易误认为是素陶，或误以为釉层已剥落殆尽。经适当清洁之后发现，釉层不仅基本完好，而且釉色楚楚动人。

第二，因陶块断折面上附着不洁之物，不仅影响辨认这一陶片与另一陶片是否存在着断折关系，更会影响粘接和粘接的效果，而实际上往往是无法粘接。所以必须将泥土、污垢全部清除掉，使断面达到洁净见新。当然，新断折的又可及时粘接的陶块，就无需清洁了。

第一节 清洁方法

1. 机械法清洁

对于不太坚硬的泥土，可先用铜刷、硬毛刷将能刷掉的污垢尽量刷掉。对于坚硬的或沟缝里的泥土，则需用刀锥、竹签之类的尖利工具将其剔除。至于那些剔刷不掉的泥土，可用清水浸透，再刷或再剔，直到断面洁净为止。一般不用清水泡洗，必须泡洗时，其浸泡时间不宜过长，仅以泥土湿透为度，应用机械方法清洁，切忌不可将断面上原有的凹凸陶质部分清除掉，忌用电动工具。

2. 化工溶剂清洁

水浸，对某些胶质物有溶解作用，但对油渍等污垢是无效的，要用汽油、乙醇、六偏磷酸钠等化工溶剂刷洗（仅可刷洗，不可浸泡），刷洗后再用清水将化工溶剂冲洗干净。

用水或其他溶剂刷洗陶块是很有效的清洁方法，但对彩绘陶却万万不可使用，这会对彩绘层产生严重的恶果。彩绘陶的清洁，只能采用机械方法进行，最多也只能用棉花蘸上少许溶剂轻轻擦拭。

3. 清洁陶质文物的要点

对陶质文物进行清洁，要注意如下几个要点：

①切记区分"适可而止"和"清洁见新"。

②凡陶质、彩绘层酥脆处均应先用 502 胶等加固，而后才能实施清洁。

③无论采用何种清洁方式，都不能损伤陶体、彩绘层、釉层，尤其是文物体上固有的文字。这是清洁中必须遵守的最基本原则。

④尽可能不采用浸泡的方法，若必需浸泡时，要将浸泡时间压缩到最低限度。清洁后要充分自然干燥，不可火烤。凡质差的陶片不能浸泡，若采用其他方法清洁时，也要注意用力适度。

⑤化工溶剂一定要对陶质无任何腐蚀作用，否则绝对不能使用。

第二节　溶剂

水是一种常见溶剂，碱可溶于水，因此可用水把盐碱清除掉。化工溶剂（稀释剂）可以溶解某些物质，降低粘接力，利于清除这些物质。

溶解和稀释是关系密切而又不相同的两个概念。溶解是溶质均匀地分散（溶化、分化）于溶液中的过程，得到的是溶液。稀释是向溶液中加入溶剂，用以减小溶液中溶质的浓度（粘度）。如将白糖放入水中，被完全溶化，是糖水。如若再加入水，糖水的甜度就小了。这里的糖是溶质，水是溶剂，糖水是溶液。糖水放入水中是溶解，再加水就是稀释。

化工溶剂是陶质文物修复常用材料。不仅是核拼工序使用，其他几步修复工序也都离不开化工溶剂。修复工作者应充分了解所选化工溶剂的特性，例如硝基漆不溶于乙醇，所以干燥后的硝基漆膜可以用酒精擦拭清洁；如用硝基稀料擦拭清洁，就会使干燥后的硝基漆膜受到破坏。

1. 常用化工溶剂

在修复陶质文物时，常用以下几种化工溶剂：

（1）乙醇

俗称酒精。溶于水、甲醇、乙醚和氯仿。乙醇有无水乙醇（供研究、分析用）、工业酒精、医用酒精及凝固酒精。文物修复常选用工业酒精（纯度为95%、57%），用以清洗溶化虫胶，也用于酒精灯的燃料。

（2）丙酮

旧称阿西通。闪点 –20℃，熔点 –94.7℃，沸点 56.05℃。无色液体，有辛辣甜味。易挥发。能与水、乙醇和氯仿互溶，能溶解油类、脂肪、树脂、橡胶等。修复中主要用其溶解清洗污物，尤其是清除拼溢出的环氧树脂及 502 胶。

（3）200#煤焦溶剂

煤焦系溶剂是从煤干馏而得。200#煤焦溶剂是煤焦系溶剂中的轻油，含有苯、甲苯、二甲苯等。苯的溶解能力很强，是天然干性油、树脂的强溶剂，不能溶解虫胶，但毒性大，挥发快，一般作洗涤剂。甲苯的溶解能力与苯相似，主要作为醇酸漆溶剂，也可以作环氧树脂、喷漆等的稀释剂用，少量用在洗涤剂中使用；二甲苯的溶解性略低于甲苯，挥发比甲苯慢，毒性比苯小，可代替松香水作强力溶剂。

常用溶剂还有硝基稀料、酯酸戊脂等，将在本书第七章每四节中结合釉料再作较详细介绍。

2. 安全使用化工溶剂

根据溶剂（稀释剂）的化学性质，在使用和保管时应注意以下几点：

①化工溶剂（稀释剂）一般都是易燃品，凡闪点低于 0℃ 的都属于此列。闪点，又称闪燃点，是指液体表面上的蒸汽和空气的混合物，在与明火接触而初次发生蓝色闪光时的温度。闪点越低越应注意防范失火。

②化工溶剂大多有毒，如丙酮对中枢神经系统的有麻醉作用，使人出现乏力、

恶心、头痛、头晕等征状；又如硝基稀料具有好闻香蕉气味，对皮肤有过敏性，过后蒸发，皮肤有搔痒感觉，还有发热感觉。所以使用化工溶剂，应注意通风和防护。

③溶剂（稀释剂）在空气中易于挥发，为易燃易爆品，注意密闭保存。使用时，容器不易敞开过久。用量少时，最好装入滴瓶。

④以上几种溶剂（稀释剂）均是无色透明的液体，为避免使用时混淆，应将滴瓶做好各种溶剂的标记。若标记不清时，可根据气味进行辨别，如丙酮微香，硝基稀料有香蕉的气味。

北齐 彩绘陶牛车模型

牛高 22.68 厘米　车高 29.1 厘米
国家博物馆收藏
1955 年山西太原张肃墓出土。魏晋十六国时期，天子及士大夫以乘牛车为贵，故此期大型墓葬中常发现彩绘陶牛车模型。

第四章　陶质文物修复中的核拼工艺

陶质文物断折后,残损处和碎陶片(块)上都会出现断折面,断折面又叫"碴口",如果陶质文物残损处和碎陶片(块)上的断折面能完全吻合,称为"碴口相合"。

核拼是按照残损处和碎陶片(块)上的碴口逐块核对,使"碴口相合",也就是找出碎陶块之间的拼合关系,并将其准确无误地拼合在一起的过程。核拼是粘接前的准备,是陶质文物形体复原的基础。

核拼看起来是一项简单的工作。若一件陶质文物只有一二处断折,核拼工作的确不费力气。但大多数情况是一件陶质文物常会碎裂为几十片(块),甚至上百片(块),如直径只有37.4厘米的中山王国轧划纹黑陶盘,出土时破碎成25片(块)。再如一件秦代陶战马,出土时破碎成101块陶片(块),其中最大一块重44.3千克,最小块仅重0.5克。若遇到如此多的碎陶片(块),核拼就是一项相当艰苦细微复杂的工作。

核拼不仅需要细心和耐心,还需要对陶片(块)有辨认能力,能准确无误地将碎陶片(块)按碴口拼对起来,恢复陶质文物原来完整的形态。

第一节　辨认破碎的陶块

陶质文物不管碎裂为多少片(块),都会带有原器形的局部特征。也可以这样说,陶质文物的造型特征,随着陶器的破碎"化整为零"了。因此,只要掌握各种陶器的造型特征,就能够在支离破碎的陶片堆中找出属于同一件陶器的碎片(块),并按碴口拼合在一起,恢复陶质文物原有的面貌。破碎的陶质碎片有如下六种特征:

1. 陶质碎片的颜色

颜色是很直观的特征,也是划分陶器品类的标准,很容易分辨。将同种颜色的陶片集中,即表明该物属于同一类型的陶器。

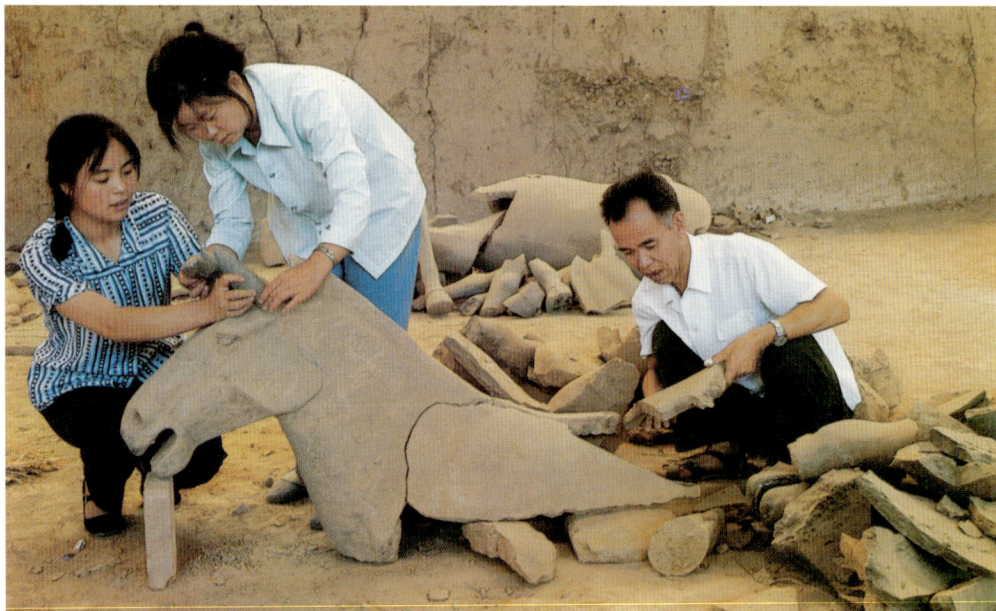

秦兵马俑出土时也要核拼

2. 陶质碎片的胎质

陶器有细泥质、夹沙质、软质、硬质等品种，出自同一件陶器的碎片，胎质应相同，因此应按质地将碎陶片归类。

3. 陶质碎片上的纹饰

纹饰是核拼时很直观的一种标志。这里所说的纹饰，不仅包括陶器表面的各种刻划、拍印、剔刺等胎装饰，也包括附加的和绘制的纹饰。另外，陶器器壁的内部、底部常有留下的制作痕迹和手指印痕，也可作为辨识陶质碎片的特征之一。

4. 陶质碎片的厚度

一件陶器的不同部位，其厚度是有差异的。但同一部位的陶壁，厚度则相差甚微。断折处的陶壁，其厚度必然一致，则表明陶片之间可能存在拼合关系。

5. 陶质碎片与器型

一件陶器都有自己的造型，在核拼时便成为有指示性的特征。对一堆碎陶片进行深入的辨析，看陶片形状、自然边沿的形状，就可以找到具有造型特征的陶片，据此就可以初步判定是何种器物。如认出一块碎陶片是侈口沿，另一块碎陶片是袋状足，就可考虑是陶鬲；若还有一块碎陶片是流，就考虑是鬶。在此基础上，再辨认其他部位的陶片就比较容易了。

6. 陶质碎片的碴口

碴口是陶质文物破碎后形成的。相邻的碎陶片有相吻合的碴口，不相邻的碎陶片碴口合不上。所以碴口能吻合的碎陶片，表明这些的碎陶片之间存在拼合关系。

在辨认碴口时，还要注意的碎陶片的弧度，有拼合关系的碎陶片，其弧度必然具有连续性。碴口和弧度的特征有时不够明显，要仔细辨别。

以上所说碎陶片（块）的六种特征，在分辨时应统筹兼顾，举一反三，不能孤立对待。如分辨碴口的拼合关系时，不能离开弧度、厚度，也要看颜色、看胎质，还要看是哪个部位的，等等。

在核拼过程中，最关键的环节是掌握陶器的特征，就可以在多而杂的碎陶片堆中，较容易地找到碎陶片（块）之间的拼合关系。

碎陶片（块）之间的拼合关系一经确定，就可以进行整体核拼了。

马桥文化时期 硬陶盉

高 17.2 厘米 口径 10 厘米 底径 11.6 厘米
遂昌县文物管理委员会收藏
1997 年遂昌好川墓地出土。

在整体核拼时，如发现已经核拼的碎陶片有失误或遗漏，应及时补上。在整体核拼的同时，还要确定粘接顺序。但有时陶质文物破损严重，有的形体高大，碎块较多，无法进行整体核拼。此时可先进行局部核拼和局部粘接，还要用粉笔做出不同的记号，然后再进行整体核拼，以免整体核拼时发生差错。当然，有些部位破损太严重，不能强行进何整体核拼，但也要做到大体的整体核拼。

第二节　器形特征与核拼

上一节所述陶质碎片的六个特征，是进行核拼必须应用的。由于核拼的目的是复原陶质文物的形体，因此器形特征与核拼有重要联系。

有丰富修复经验的人，对陶质文物的器型特征有清晰的认识，所以能够很顺利地进行核拼。一件古陶器的器形，包括整体造型的特征、局部形状、弧度、纹饰和色泽等。修复工作者应勤于积累，在观察众多个体陶器的基础上，抓住特征，摸索规律，及时归类总结。如蒸煮器、饮食器、盛水器和酒器等各具特征，不尽相同。

但某些器皿常有相似之处，如碗、钵、盆、罐、壶等都是圆口、圆腹、平底，不同处是碗、钵、盆的口大，无颈；罐、壶的口小，有颈。豆、簋、卣、尊等是圈足，圈足有高低之分，高圈足是豆的独有特征。盉、鬲、鬶、鼎、斝等都有三足，足有实足（柱形、锥形、扁形）和袋足的区别。袋足是袋足器的共同特征。而鬶的口前沿有扁勺状流、后有鋬；盉无鋬，虽也有流，却是管状的。鬲有的有耳，但绝不会有流；斝既无流也无鋬，只有双耳。所有这些又是个性。

上述内容仅仅说明观察陶器器形的方法及重要性。由于陶质文物有许多不同的造型，这就要求修复者不仅要认真观察，平时还要认真地学习、积累器形学的知识。面对数不胜数的器类，造型各异的陶质文物，要求修复者在亲自观察、修复的同时，还应提高理论素养和准确的判断力。只有用严谨的科学态度，缜密细微的观察，敏捷灵活的思维，才能在繁杂的陶片中"慧眼识珠'，而不会"鱼目混珠"。

第五章 陶质文物修复中的粘接工艺

粘接是利用粘合剂的粘接力,将"碴口相合"的碎陶片(块)粘接在一起的过程,即将已破碎的陶质文物恢复原有造型的过程。

粘接工艺还有另一种作用,即将陶质文物上的裂纹、酥脆和易于损坏的部位,用粘合剂进行加固,使陶质文物的整体牢固度得到进一步加强。

正确选择粘合剂,熟练掌握粘接操作技巧,是粘接工序的关键。

第一节 粘接前的准备工作

粘接工艺正式实施之前,应先充分做好准备工作。首先要确定粘接顺序,进行固定试验,其次是把所需的工具和原材料备齐。

1. 确定粘接顺序

面对众多的碎陶片(块),应从何处开始粘接,没有统一的规定。一般情况,按如下要点进行:

①凡小件陶器,若碎片(块)不多,短缺较少,则从口部至底部,逐片(块)粘接。

②凡短缺处在陶器上部时,则从底部至口部逐块粘接为宜。若碎块缺处在下部,粘接顺序则相反。

③凡大件陶制品,一般从底部至口部逐片(块)粘接。若碎块较多,也可先按部位进行局部粘接,然后再从底部至口部进行粘接。

粘接顺序还涉及修复者的手法,即修复者的工作习惯。技艺高超的修复者会按照自己熟练的手法,无论从何处粘起,在绝大多数情况都不会出现问题,如:粘接秦陶战马,有的修复者是从头部至臀部逐块粘接,而有的修复者因经验不足,大体上是随机粘接，结果常出意外。此类现象在陶质文物修复中常见。对这类手法问题，笔者在此不予探讨。关键是遵循修复原则，即粘接牢固，保证效果。

2.确定固定方法

确定粘接顺序之后，还应当选择适合的固定方法。

原因是胶的干燥固化需要一定的时间，因此需要把碎陶片（块）固定好，防止在胶干燥固化的时间内变形。

固定方法多种多样，形式各异，如绳线捆扎、砂箱植立、钳夹固定、支架固定等。选择固定方法后，还必须进行可行性试验，即在不施胶的情况下试着固定一次，如试验证明所选用的固定方法可行和最佳时，方可正式施胶粘接。

第二节　粘合剂

粘接是修复已破碎陶质文物形体的唯一方法，因而选择粘合剂十分重要。

修复陶质文物所选用粘合剂，会随着科学发展不断更新。大约在20世纪20年代，北京地区粘接、补配陶质文物所用粘合剂是用面筋掺大白粉揉制而成的，粘接强度较低，收缩率较大，陶质文物的修复不能持久。此后又使用在石膏中掺小麦粉、鱼鳔中掺大白粉、桃胶中掺大白粉、鸡蛋清中加石膏等为粘合剂，粘接强度和收缩率均优于面筋掺大白粉，但易受潮而失效，导致粘接处开裂。所以，当时粘接修复的陶器，在雨季伏天极易损坏。

大约从20世纪30年代起，补配陶质文物开始使用虫胶砂（热粘）和虫胶溶液（冷粘）作为粘接剂。虫胶的粘接强度较高，收缩率亦小，操作简单，故长期以来一直是文物修复者乐于选用的粘合剂。但使用虫胶粘接时，要用喷灯将陶片烤热，这种做法必然会影响陶质，特别会影响彩绘陶的彩绘层。另外，因虫胶本身的缘故，碴口上虫胶层较厚，复原后陶质文物往往会失真。若碎块较小又多时，则更难以操作。据此，笔者认为最好少用虫胶为粘合剂，在展览修复中应当忌用。

20世纪70年代前后，以环氧树脂胶为代表的化工粘合剂开始用于文物修复，这是陶质文物粘合剂的一次大变革。但并不是说传统粘接剂没有用了，如虫胶虽不适合于展览修复中的粘接，但在补配、仿色、作旧等工艺中都是不可缺少的材料。再如考古发掘出的破碎陶器，往往使用石膏加小麦粉或桃胶加大白粉进行粘接。其好处是使用方便，无损于文物，更便于重修。

1. 粘合剂的种类

粘合剂，又名胶粘剂、粘接剂，是具有优良粘接性能的物质。粘接原理一般解释为靠粘合剂的作用把部件粘接起来。

根据粘合剂原料的来源，大致可分为两类：

一类是天然粘合剂，其中有的粘合剂来源于植物，如面粉、松香、天然橡胶等；有的粘合剂来源于动物，如脱脂鱼鳔、猪皮膘、漆片（即虫胶）等。

另一类是化工粘合剂，即人造合成粘合剂，种类名目繁多，数不胜数。化学工业部粘合剂科技情报中心站编写的《化工产品手册·粘合剂》一书中介绍了五百多个品种，近八百个牌号的粘合剂，对其主要成分、施工工艺条件、性能指标，用途和特点等必要的技术参数都做了详尽的说明，有重要的参考价值。常用化工粘合剂有环氧树脂、酚醛树脂、聚醋酸乙烯乳液、硅橡胶、聚乙烯醇等。

化工粘合剂的种类很多，应选择哪种为宜呢？这取决于修复者和实用性，以及地区性供应等具体情况。

2. 对粘合剂的基本要求

①粘合剂应无腐蚀性，对环境无污染，不会损坏陶质文物的质地，能保持（或基本保持）陶质文物的质地和外貌，甚至能加强陶质文物质地的强度为好。

②粘合剂要有可逆性。所谓可逆性是指粘合剂在干燥固化后，如需要可用某种溶剂将其溶化。这种特性很重要，因为破碎的陶质文物粘接复原后，因某种原因有时候还要拆修，即恢复到未粘合前的状态。

③粘合操作简单，不需要特殊的工作环境和复杂的工艺设备。

虽然不同的修复者会选择不同的粘合剂，但选择粘合剂的基本要求却是一致的，都要求粘接力强、有可逆性、易于使用、耐温耐湿、化学稳定性高等。总之，选择任何一种粘合剂的前提是有效地保护文物珍品，切忌使用对文物有任何浸蚀的粘合剂，要达到"坚固可逆"的效果。

第三节　五种常用粘合剂

下面介绍五种粘合剂，是笔者所常备的，现将其性能和使用特点做介绍，以供参考。

1. 虫胶

虫胶又称紫草茸，俗名漆片，旧称洋干漆，属于天然树脂的一种，产于亚热带的虫胶树上。它是由寄生昆虫——紫胶虫的幼虫在树干上取食的同时，将其产生的分泌物——胶质和胶腊凝聚在树干上而成。分泌物经收集加工成片状物，即虫胶。虫胶有紫胶和白胶之分。白胶呈白色透明状，曾被选作仿釉的釉料，但目前白虫胶极为少见。紫胶呈紫红色、棕黄色、黄色。虫胶不溶于水，溶于醇类、酮类溶剂以及碱溶液，具有较强的粘接力。修复陶质文物时主要用其制作虫胶漆（俗称"泡力水"），用于釉陶补配填料中的胶质组分，做旧中的胶质物，仿色中的颜料和某些部位的加固等。

制作虫胶漆很简单，只需将虫胶溶于乙醇即可。虫胶与乙醇的比例，根据不同的用途而定，参见下表。

表二：

制作虫胶漆用量比例表

成分＼用途＼比例	加固	填料组分	颜料	作旧	
				污锈	泥锈
虫胶（克）	1	1	1	1	1
乙醇（毫升）	20	5	5-10	50以上	5-10

2. 乳胶

白乳胶是商品名称，简称 PVAC 乳液，化学名称聚醋酸乙烯胶粘剂，是由醋酸与乙烯合成醋酸乙烯，添加钛白粉（低档的就加轻钙、滑石粉等粉料），再经乳液聚合而成的乳白色稠厚液体。

白乳胶可常温固化，固化较快，粘接强度较高，粘接层具有较好的韧性和耐久性且不易老化。可广泛应用于粘接纸制品（墙纸），也可作防水涂料和木材的胶粘剂。

白乳胶以水为分散剂，使用安全，无毒、不燃、清洗方便，常温固化，对木材、纸张和织物有很好的黏着力，胶接强度高，固化后的胶层无色透明，韧性好，不污染被粘接物。乳液稳定性好，储存期可达半年以上。

粘接操作时，使用温度不得低于7℃；不耐高温，超过95℃，将导致胶层强度下降。据不同用途，白乳胶可用水稀释，但需先将它升温至超过30℃，并用高于30℃的水缓慢加入，搅拌均匀方可使用，不可用10℃以下的冷水稀释。

白乳胶的缺点是耐水性和耐湿性差，易在潮湿空气中吸湿，在高温下使用会产生蠕变现象，使胶接强度下降；在−5℃以下储存易冻结，使乳液受到破坏，应在常温下封闭保存。

在文物修复中除做为"502胶"应急性粘接的偶联剂和小碎块粘接外，主要做为调合粉状颜料的胶质物。

白乳胶总体是安全的，但不能吞入或溅入眼睛。若不慎碰入口中或眼睛里，马上使用大量的清水冲洗。

3.107胶和108胶

107胶是商品名称，俗名"文化水"，学名为聚乙烯醇缩甲醛，是以水为介质的溶液或乳液形成的胶粘剂，外观为无色或微黄的粘稠液体，具有较高的粘接力，常用作书刊的装订胶。文物修复一般不用作粘接剂，而是做为填料中的添加剂，以提高填料干硬后的硬度和机械强度。也可作为调和粉状颜料的胶质物。要在常温密封条件下保存。

2001年，由于107胶中甲醛含量严重超标，国家建设部把其列入被淘汰的建材产品的名单。107胶现已停产，可改用108胶。

108胶是一种新型高分子合成建筑胶粘合剂，学名为聚乙烯醇缩甲醛胶，外观为微白色透明胶体，有良好的粘结性能，经济实用，适用于室内常温环境中墙、地砖的粘贴。

108胶在常温下能长期储存，但在低温状态下易发生冻胶，长时间放在高温条件下可能会发霉变污。108胶多与石膏粉或滑石粉掺合成膏状物应用在修复中。

4.502 胶

502 胶是商品名称,其主要成分是 a- 氯基丙基酸乙脂,并含有一定量的添加剂。商品系无色透明的稀薄液体,具有很高的粘接力。据介绍,只要用一滴加到钢管上,30 分钟后就能吊起两吨半重的载重汽车。

（1）502 胶的特性和使用

502 胶在常温下受空气中微量水气影响而聚合,数秒至二三分钟即可迅速固化,故又称瞬间固化胶。完全硬化需 24 小时。溶于丙酮和乙醇等。耐水耐碱性均较差。有效期短,即使是在干燥、避光、低温（10℃下）的条件下保存,也只有半年左右。

502 胶是众多类粘合剂中的独秀,实用领域相当广阔。在修复中的作用,仅低于环氧树脂。无论是粘接、加固,还是补配、作旧,都离不开 502 胶。环氧树脂号称万能胶,但也绝非万能。在某些特定的条件下,环氧树脂只能退避三舍而让位于502 胶。如应急性粘接即是如此。笔者体会,使用任何一种粘合剂或何种原材料,除按照"使用说明"以外,还要挖掘说明书中没有写出的特征,只有这样才有可能创新,以开拓新的实用范围。譬如滴注—填补法是利用 502 胶渗透力强的性能而创新的工艺。再如利用 502 胶良好的流动性,研创出的 502 胶注射加固法,基本解决了历无良策的釉加固的难题。

502 胶有 T–1、T–2、K–1、K–2 等四种型号,性能相似。与 502 胶性相似的还有 504 胶（a- 氰基丙烯酸丁脂）。

（2）清除 502 胶的方法

502 胶是一种瞬间凝固胶,施 502 胶凝固后不理想,如想重新粘合,可用湿的热毛巾敷十几分钟,固化的 502 胶就会变软,可清除。也可滴上几滴 502 胶,使已固化的 502 胶再次溶化,然后用水洗干净。

用绝缘油、化工溶剂（如丙酮）也可溶解固化的 502 胶。但丙酮有毒,注意使用方法,如可以把粘 502 胶的部分塞到瓶子里。面积大的,涂上丙酮,约 5 分钟至10 分钟后便可除去。

5. 环氧树脂胶

环氧树脂胶在文物修复中有重要作用，不仅用于陶质文物的粘接、加固和部分补配修复，而且也用于青铜器、古建筑修复。环氧树脂胶是含有环氧基的合成树脂（本书有关环氧树脂胶的技术参据，均来源于上海树脂厂编的《环氧树脂》一书），采用不同的原料配比和制法，可得到不同分子量的环氧树脂胶产品，所以环氧树脂胶的种类牌号很多。本文重点介绍"万能胶"，是由环氧丙烷和二酚基丙烷缩聚而成的高分子聚合物，平均分子量在 300–7000。低分子量的环氧树脂是呈琥珀色或淡色的近乎透明的高粘度液体，高分子量的环氧树脂是固体。商品环氧树脂胶有不同的型号。型号不同，其分子量、软化点及色调等均亦不同。

修复陶质文物选用 610[#]（国家统一型号为 E–44）为宜，平均分子量在 210–240。软化点在 14℃至 22℃，适于常温下使用。其色调较轻，硬化后痕迹清淡。

环氧树脂胶有优良的粘接性能。有一件秦代陶战马（长 205 厘米，高 172 厘米），

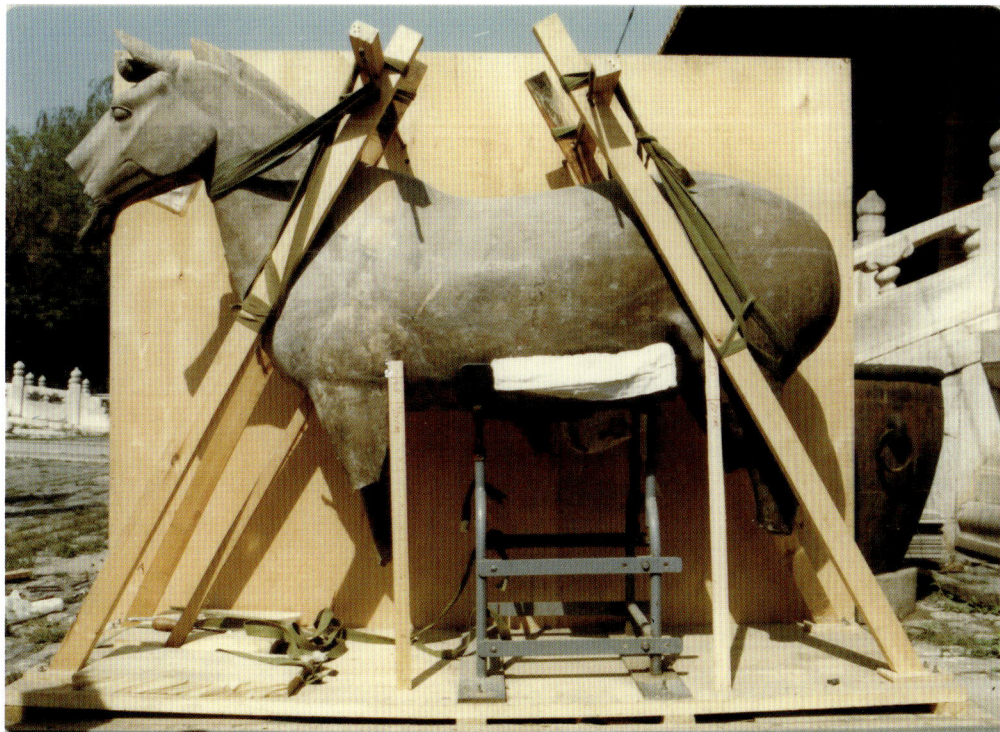

因包装不妥致使秦代陶马腿部折断

1980年初由陕西西安运抵北京，准备出国展出。此件陶战马因包装、运输、搬运和陶质较为酥脆等原因，损坏严重，仅四条马腿就有五处折断。1982年底再次准备出国展出前，又有一处断折。此六处断折，都未从第一次修复的折断处再次折断（每次折断后，均已及时修复）。又如前文《陶质文物损坏的原因》一节中提到从踝部断折的秦将军俑，后在日本被暴徒故意破坏，造成粉碎性断折。此俑虽破坏严重，但原先已经修复的踝部却没有任何损伤。

（1）环氧树脂胶固化后的特点

①力学性能高。环氧树脂胶有很强的内聚力，结构致密，力学性能高于酚醛树脂和不饱和聚酯等通用型热固性树脂。

②附着力强。环氧树脂固化体系中含有活性极大的环氧基、羟基以及醚键、胺键、酯键等极性基团，赋予环氧固化物对金属、陶瓷、玻璃、混凝土、木材等极性基材以优良的附着力。

③固化收缩率小。一般为1%至2%，是热固性树脂中固化收缩率最小的品种之一（酚醛树脂为8%至10%，不饱和聚酯树脂为4%至6%，有机硅树脂为4%至8%）。线胀系数也很小，一般为 6×10^{-5}/℃。所以固化后体积变化不大。

④工艺性好。环氧树脂胶固化时基本上不产生低分子挥发物，所以可低压成型或接触压成型。能与各种固化剂配合制造无溶剂、高固体、粉末涂料及水性涂料等环保型涂料。

⑤稳定性好，抗化学药品性优良。环氧树脂胶不易变质，只要贮存得当（密封、不受潮、不遇高温），其贮存期为1年。超期后若检验合格仍可使用。环氧固化物具有优良的化学稳定性，耐碱、酸、盐等腐蚀。环氧树脂胶大量用作防腐蚀底漆，又因环氧树脂固化物呈三维网状结构，又能耐油类等的浸渍，大量应用于油槽、油轮、飞机的整体油箱内壁衬里等。

⑥耐热性高。环氧固化物的耐热性一般为80℃至100℃。环氧树脂有耐热可达200℃或更高的品种。

（2）环氧树脂胶的粘接力和机械强度

环氧树脂胶粘接力特别高，若加入适量的填料，粘接力和机械强度均可增加一倍以上。可粘接除聚氯乙烯等塑料以外的任何金属材料。

据介绍，环氧树脂胶中未加任何填料，硬化后的物理性能为抗拉强度650克／

平方厘米至 850 千克 / 平方厘米。抗弯强度 900 克 / 平方厘米至 1200 千克 / 平方厘米，抗冲强度 10 克 / 平方厘米至 20 千克 / 平方厘米，抗压强度 1100 克 / 平方厘米至 1300 千克 / 平方厘米。如果粘接 1 平方厘米的金属件，待完全硬化后，没有 600 千克以上的拉力是拉不断的。

以上性能已经被多次修复文物的实践所验证。如某次为查找分析唐三彩嘶鸣骆驼（复制品）在运输过程中的损坏原因，曾将一件经修复过的同样三彩骆驼（高 79 厘米，长 73 厘米）包装后，进行了两次强力的破坏性试验。第一次是将包装箱放在砖地上，着力推倒四次（即包装箱翻转一周），开箱后发现三彩骆驼安然无恙。第二次是从 140 厘米的高处，将包装箱推下，摔落在砖地上。结果仅在骆驼的底板上有一道新的裂缝，原来用环氧树脂胶粘接和用人造石补配处依然完好如初，丝毫无损。

经修复粘接的文物，一般要求不应从原粘接处再次断折。能否达到这一粘接效果，首先取决于粘合剂于被粘接处的机械强度的对比。若粘合剂的机械强度大于被粘接物，一般不会从原粘接处断折。原因如下：

第一，根据环氧树脂胶和陶器的机械强度数据，很明显的前者远远大于后者。如环氧树脂胶的抗压强度是 1100 克 / 平方厘米至 1300 千克 / 平方厘米。而陶器只有 200 克 / 平方厘米至 400 千克 / 平方厘米。

第二，重要的是粘接技术，使用者若不严格地按照技术要求实施，就是使用粘接力再高的粘合剂，也于事无补。

另外，受力方向等也有一定的影响。

值得指出的是，在笔者应用环氧树脂胶修复过的各种质地的文物中，至今未发现一件因外力作用而从粘接处再次断折的实例，也没有一件人造石制品因遭受一般外力作用而损坏的。

（3）环氧树脂胶有良好的耐化学性能

硬化后的环氧树脂胶，能耐酸碱及有机溶剂的侵蚀。只有浓度大、温度高的硫酸、苯等才会对硬化后的环氧树脂胶产生破坏作用。如将硬化后的环氧树脂胶放在加热至 100℃、浓度为 50% 硫酸溶液中浸泡 10 天，才能完全溶解。故放在正常的环境中，即使是空气中略有污染，也绝不会产生任何影响。笔者曾将修复后的文物复制品和人造石，分别放置于露天中，埋葬于土地下，投放于水池里和陈设于室内，进行各种对比性试验。试验品经受几度寒来暑往，数载埋压水泡，盐碱侵蚀，都未产生任何变化。再从文物实例来看，如 1975 年用环氧树脂胶粘接的陶器至今已有几十年，还没有发生任何不良的现象，更没有开胶再次断折。由此推断环氧树脂胶硬化后，在一般的环境中，数十年不会产生质的变化。

（4）环氧树脂胶收缩率小

环氧树脂胶在硬化过程中，没有副产品伴生，故而收缩率约为2%。若加入填料，收缩率可降至约1%。所以，基本上不会产生应力集中现象。此外，热膨胀系数也极小，温度高低对其无影响。

（5）环氧树脂胶稳定性高

环氧树脂胶在未加入硬化剂时是热塑性线型物质（热塑性是某些物质所具有的一种可反复受热软化或熔化，遇冷凝固，质量不受影响的特性。热固性是某些物质经过一次受热软化或熔化，渐冷后凝固，变成一种不易熔的固体，即不能再恢复原有的特征。环氧树脂胶兼有此两种特征），所以其质量不受冷热变化的左右，常年存放亦不会变质。据专业书籍介绍放置一两年不会变质。据笔者实践经验，若无污物渗入，起码可放置十年都不会有问题的。这是任何粘合剂都而不能比拟的。

环氧树脂胶除用作粘合剂外，还用于制作压层板（修复中的玻璃钢加固法即源于此）、油漆、泡沫塑料、浇铸件（修复中的灌铸粘接工艺与此相同）等。

泡沫塑料是用于文物保护的一种重要材料，在此多说几句。环氧树脂中加入发泡剂（碳酸铝、碳酸铵等）可以制成泡沫塑料，坚硬、轻便，是包装工业，尤其是规格化批量包装的理想材料。曾有人试用成型的泡沫塑料，代替传统的囊匣盛放文物，但因工艺复杂和成本过高而未能广泛应用。文物包装属于非规格化包装范畴。非成型的泡沫塑料是重要的包装材料之一，尤其是巨制包装（主要是秦兵马俑的包装）中的缓冲材料非他莫属，具有其他包装材料无法代替的优点。

（6）环氧树脂胶的不足

①使用寿命短。环氧树脂胶加入硬化剂后，过半个小时即开始明显硬化，所以可供使用的时间仅为半个小时，因此必须充分做好粘接前的准备工作，尤其是要切实做好固定试验，利用这短短的有效时间，最大限度地发挥效率。

②完全硬化时间长。在常温（20℃至25℃）环境中，由开始硬化剂基本硬化约10分钟，完全硬化则需24小时，因此不能适应应急性粘接。

表三：

环氧树脂硬化时间表

过程 名称	由配制完成 到开始硬化	由开始硬化 到基本硬化	由基本硬化 到完全硬化
环氧料	0.5小时	约10分钟	24小时
人造石料	1小时	2小时内	24小时内

③耐热较低。按照笔者的环氧树脂胶配方（见表四），在100℃的温度时开始软化，这种缺陷恰恰符合粘接要求，可达到"坚固可逆"。况且，展出环境室温绝不会达到100℃。

（7）环氧树脂胶的硬化剂

环氧树脂胶是热塑性线型结构物质，若使其转变为热固性体型结构的物质，则需加入硬化剂才能完成这一化学变化。硬化剂是能使高聚物分子间产生交联的物质，可增加硬化物的不溶性和不熔性。环氧树脂胶选取用的硬化剂有胺类，有肌酸酐类（如磷苯二甲酸酐）和某些树脂类。修复文物常以胺类为硬化剂。

乙二胺为无色液体，有氨的刺激性臭味，能与蒸气一同挥发，在空气中冒烟。与环氧树脂胶反应时发热，溶于水和乙醇。用量为环氧树脂胶的6%至8%。

羟基乙基乙二胺为无色略粘稠液体，有轻微的臭味，与环氧树脂反应时微放热，溶于水和乙醇。用量为环氧树脂的10%至15%。

二乙烯三胺又称二乙撑三胺，浅色液体，有氨的刺激性臭味（小于乙二胺），溶于水和乙醇。用量为环氧树脂的8%至11%。

以上三种硬化剂的实用效果基本相同。但由于乙二胺的刺激性，对于人体有较大的影响，所以使用时应注意防护。羟基乙基乙二胺对人体影响较小，但售价较高。

（8）环氧树脂胶的增韧

增韧，又称增塑。环氧树脂加入硬化剂可使其硬化。但其硬化物性坚脆，受外力作用容易断折。为改善这种不利的性质，则应增加其坚韧性，即应加入增韧剂。增韧剂是能提高高聚物粘合剂硬化物的柔韧性、硬度和机械强度的物质。增韧剂根据化学结构，可分为二甲酸类、磷酸脂类（如磷酸三甲酚脂）、聚酯类等。修复文物常用以下两种增韧剂。

表四：

环氧树脂与辅助原料表配比表

原料 \ 方例 配比(克：毫升)	一	二	三	四	五	六	七	固化条件	极量
601#环氧树脂（粘合剂）	100	100	100	100	100	100	100		
乙二胺（硬化剂）	15		6-8					室温20℃左右24小时或以上	超过10性脆
羟基乙基乙二胺（硬化剂）									超过15性脆
二乙烯三胺（硬化剂）				8-12		14-16			低于8硬度下降
邻苯二甲酸二丁脂（增韧剂）	15	20							高于20硬度下降
650#聚酰胺树脂（硬化剂/增韧剂）				80		5-10			超过100硬度下降
501#环氧丙烷丁基醚（稀释剂）				0.5	15-20	50-80	100		高于20粘结力下降

用途	万能 用于一般性粘接，硬化后色浅，方例二的刺激性较强			流动性较好，适用于注射粘接和灌铸粘接		韧性较好，适用于压层加固			备注

备注：
1. 粘合剂和650#以克计重，其他辅料以毫升计。
2. 方例五的硬化剂量较高，是据501#的用量调正的。

邻苯二甲酸二丁脂，无色液体。几乎不溶于水，溶于乙醇、丙酮等。一般用量为环氧树脂的 5% 至 10%，不能超过 20%。

聚酰胺树脂，简称为聚酰胺。通常是白色至淡黄色的不透明的固体。不溶于乙醇、丙酮，溶于硫酸、醋酸等。修复文物所选用的 650# 聚酰胺树脂，是呈深琥珀色的较粘稠液体。一般用量为环氧树脂的 50% 至 100%。

聚酰胺含有极强性的氨基、羟基及酰胺基，所以比较活跃，它不仅可以作为环氧树脂的增韧剂，还可以作为硬化剂，即使不另添加其他硬化剂也可硬化。聚酰胺虽有此种优点，但因硬化物的色泽较重，所以仅适于不外露处的粘接。

（9）环氧树脂胶的稀释

稀释的目的是降低环氧树脂胶的粘度，便于使用。

所用稀释剂有两类：一类是活性的（含有环氧基），在硬化时本身参加反应，即成为热固性体型结构中的组分，如甘油环氧树脂（国内牌号为 662#）、环氧丙烷丁基醚等；另一类是非活性的，在硬化时本身不参加反应，在完成稀释作用后，便由硬化物中逐渐析出挥发掉。因此，此类稀释剂对硬化物的质量略有影响，如丙酮、二甲苯等。环氧丙烷丁基醚（国内牌号为 501#），基本上无毒，除具有稀释环氧树脂作用外，还可以提高硬化物的韧性。

稀释剂的用量一般为环氧树脂的 5% 至 10% 左右。若大于 20%，则会对硬化物的机械强度产生不良影响。

另因胺类硬化剂和二甲苯类增韧剂是非粘稠状的液体，在添加到环氧树脂里后已经起到稀释作用，其粘度不会影响一般性涂覆使用。所以除去某些大型灌铸加固以外，均无需添加稀释剂。

（10）环氧树脂胶的填充

填充是在环氧树脂胶中添加固体填充材料，不仅可以降低成本，更重要的是可以提高硬化物的机械强度和韧性，也延长了使用寿命。填充适用于灌铸粘接、注射粘接和补配中的填补。直接粘接一般无需填充。

填充材料称为填充剂，或填料。以选择不含结晶水、属于中性或弱碱性，不与环氧树脂及硬化剂等起化学反应，细微颗粒状的物质为宜。颗粒直径应在 0.1 微米左右，如石膏粉，石料，水泥等。有时也选用较大的石粒，做为填补的填料，但石料必须洗净，无任何污物才可以使用。

填充剂的用量取决于实施需要的粘度和填充剂的比重。比重小的填充剂一般应控制在环氧树脂的 25% 至 100% 之内，比重大的可达 200% 以上。

（11）环氧树脂胶的配制

环氧树脂添加乙二胺和二丁酯后，称为环氧树脂粘合剂，简称环氧料。在环氧料添加填料以后，称为人造石料。在人造石料中添加颜料后即为人造石彩料，简称彩料。

用于陶质文物的修复，配制量一般以环氧树脂重 100 克至 200 克为宜。配制时还要按增韧剂、硬化剂、填料、颜料的顺序，分别依次添加。

每次添加一些辅料，都要充分搅拌。尤其是添加填料后应搅得更加充分，使其与环氧树脂胶拌匀，辅料不应一次性添加和做一次性搅拌。

环氧树脂胶添加辅料后，会出现开始硬化、基本硬化和完全硬化三个阶段，并伴有低温放热现象。每一硬化阶段所占用的时间，环氧料和人造石料是不同的（参见表三）。使用者掌握了这一时间规律，就能有效地实施工艺。

配用容器（普通瓷碗、塑料碗或纸质碗）和搅拌器（可用不锈钢万用刀）及涂胶用的毛刷毛笔等用具必须干净，不含杂物（可用丙酮清洁）。否则，可能出现环氧料急剧升温至烫手，并出现硬化很快或根本不硬化的现象。具体原因不明，可能是因混入料中的某些杂质所致。

由于环氧树脂胶所选用辅助原料不同，即配方不同。环氧树脂与辅助原料表中所列的七种配方是依据有关资料编排的，可供实用时参考。其中实例一是笔者从长期实践中摸索、研究的成果，并已得到多次验证，是经年常用的配方。

第四节 人造石

人造石是用胶和石粉为原料制成，质感与天然石材相似，是用来代替天然石材的。因所用胶的种类不同，人造石也有许多种。本节主要介绍树脂型人造石。

笔者最早用环氧树脂来修复陶质文物，当时虽有专著介绍环氧树脂，但如何有效地用于修复陶质文物还存在一定障碍。笔者用环氧树脂制作出第一块人造石，就是在探寻剩余的环氧料能否再利用的试验中偶然得到的。此后，人造石逐渐用于陶质文

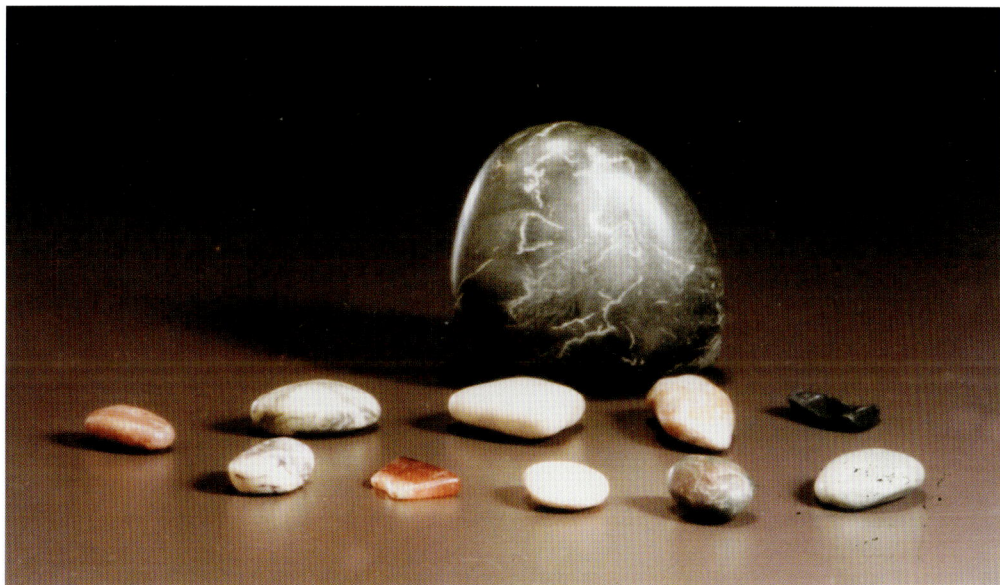

环氧树脂人造石

物修复。环氧树脂人造石的配方，在前节已述。

1. 环氧树脂人造石的优点

（1）有良好的染色能力

环氧树脂用作粘接剂时，对颜色无要求，用它制作人造石，染色则是至关重要的。

环氧树脂人造石应有天然石材的质感，也就是眼看、手摸都觉得像天然石材。由于各种天然石材都有不同的颜色和纹理，这就要求环氧树脂（包括填料）具备良好的染色能力，否则，环氧树脂人造石就不易制作了。

从实践中得知，环氧树脂不仅有良好的染色能力，无论是植物、胶性、油性颜料，都可用于环氧树脂人造石的染色。因此可随心所欲地制作出各种仿天然石材的人造石，若仿制时格外精心，则可达到以假乱真的效果。

中国内蒙古北方骑马民族文物展有一座成吉思汗的塑像，像下面是一紫红色花纹的大理石台座。其正面分两横行，用阴文镌刻"成吉思汗"和生卒年代"1162–1227"。不知何故，将生卒年代刻错。于是用环氧树脂人造石予以更正。

其工艺是：

①按台座大理石的色泽、纹理和亮度，仿制出两块略大于生卒年代处的人造石板，厚为0.2厘米；

②按原字体镌刻出正确年代；

③将环氧树脂人造石粘贴在台座的正面，与原物浑然一体，仿佛是有意识这样设计的，整体具有庄重和谐的自然美感。

（2）有良好的坚韧性

环氧树脂人造石不仅有天然石材的坚硬，而且与天然石材相比，更具有韧性和弹性。因此，可用环氧树脂人造石制作出文物仿制品以及空心健身球、石板画和印章石料等，"似石非石，韧性柔润，纹理繁茂，色泽绚丽"。

制作环氧树脂人造石填料是滑石粉、石膏粉和钛白粉等，这三种填料都是白色，但有不同的色饱合度和亮度，其中以滑石粉最低，石膏粉适中，钛白粉最高。一般以石膏粉作为基础色调，再根据需要掺入适量的滑石粉或钛白粉进行调整色调，求得所需。

填料的作用在于充实人造石的实体，增强硬化后的物理性能，添加量为环氧树脂的150%至250%，同时可大幅度降低人造石的成本。

2. 人造仿碑石

阅读临摹古代碑刻（包括拓片）是研究学习书法艺术，继承和弘扬民族文化的重要途径。而具有代表性的孤品佳作，更是无价之宝。这类碑刻被列为国家重点文物加以保护，严禁捶拓，由此而产生了拓片供需矛盾。为了满足书法爱好者对拓片的需求，碑刻复制品拓片便应运而生。

复制碑刻一般以天然石材仿刻，也可用石膏翻模制作。这类拓片虽清晰，却存在着不足。以天然石材仿刻石碑，很难与原碑所刻文字相同，用石膏翻制石碑，碑文保真，但因石膏强度太差，捶拓时极易损坏。为克服上述不足，笔者萌发用环氧树脂人造石仿制古石碑的想法，进行研制，获得成功。其工艺就是普通的灌铸模制。在实施过程中，除按常规进行外，只需注意三点：

①在翻制模具时，切忌模子表面出现气泡，尤其是石碑刻字处。否则，应重新翻刻。

②刷涂脱模剂应选用软毛工具，手劲一定要轻，不可留有刷痕。尤其是字口处，切忌因刷涂而有任何磨损。

③最好选用油性脱模剂。可获得满意的效果——可无数次锤拓碑文，所得拓片与碑刻拓片相同。这种工艺定名为"石刻翻制"。

石碑一般呈浅淡青白色，可用上述三种填料调配。

翻制石碑的表面色泽应与原碑一致或相近。在翻制前，首先做调色试验，制作小块人造石样品，务必求得与原石碑一致的最佳效果。据此确定填料盒颜色的配比。然后按数据配置人造石料，正式翻制。最后还要进行作旧处理。

环氧树脂人造石在陶质文物修复中的主要用途是粘接，具体讲是补配性粘接和加固性补配。在传统文物修复中，粘接和补配则是两项截然不同的工艺。"六步修复法"中也没有将粘接和补配分为两项截然不同的工艺，由于"树脂型人造石"的出现，既保持了环氧料的粘接能力，又可充实，将"粘接"和"补配"两种工艺融为一体，大大提高工作效率。

3. 用环氧树脂人造石修复马尾

用环氧树脂人造石修复马尾，属于将粘接与补配合二为一的实例。

前文提到马尾遭到损坏主要是因疏忽所致，但与修复时选用的原材料不无关系。此马尾是植入马体的可分离部分。植入马尾的陶榫原已短缺，用石膏补配用，因石膏

王啟泰与石兴邦先生在修复石雕虚空藏菩萨像之后的合影

的性脆，而马尾交结的补配处又正好是吃力的部位，所以一遇外力，就极易从石膏补配处断折。

再次修复时改用人造石。实施步骤为：

①用橡皮泥按陶榫大小遮挡成模；

②在人造石料中加入 50% 的小碎石米；

③将此料灌入橡皮泥模中。待硬化去模，再仿色和作旧。修复后效果良好，能承受用小铁锤敲击的检验。

由于将环氧树脂人造石用于修复文物的工艺至今尚未推广，仅个别修复人员使用，外界知之甚少。所以有人误认为环氧树脂人造石仅仅是修复文物的"临时手段"。

其实，环氧树脂人造石优点甚多，根本不是修复文物的"临时手段"，陕西省博物馆所藏石雕虚空藏菩萨造像，其脸部的短缺是笔者十年前用白蜡型人造石补配的，至今还陈列于展厅供人观赏。

为了继承宝贵的文化遗产，弘扬中华民族文化，保护我国的文物瑰宝，必须善于发现，勇于接受新工艺。笔者期待环氧树脂人造石在修复文物方面有更多的应用。

第五节　粘接工艺

粘接工艺是指将碎陶片（块）、陶器上的裂纹缝隙用粘合剂将其粘接牢固的过程，以及某些短缺处的填补性粘接，有直接粘接法、灌铸粘接法、注射粘接法、滴注粘接法四种常用方法。

1. 直接粘接法

直接粘接法就是在碎陶片（块）的碴口上涂上粘合剂，将碎陶片（块）正确无误地拼合在一起的过程。当然，碎陶片（块）要对好碴口后才能粘接。粘接后在碴口处会出现的缝隙，一般称作"粘接缝"。

粘合剂首选是环氧树脂胶，其次是 502 胶、乳胶等。直接粘接方法有一般粘接、样托粘接、乳胶粘接和 502 胶粘接四种。

（1）一般粘接

一般粘接是最常用粘接方式，工艺简便，应用广泛。

下面介绍使用环氧料粘接时的要点：

①碴口在涂环氧料前要再次擦拭，这样才可保证粘接质量。

②涂环氧料要均匀，涂层厚度应控制在 0.1 毫米以下，若过厚反而影响粘接效果。涂环氧料的位置应在碴口的中部，其边沿处不涂环氧料。碎陶片（块）拼接后，环氧料会被挤向周围，流溢出来。其实，如能做到环氧料在碴口上涂均，但又不挤溢出接口最好，但这很难做到。挤溢出来的环氧料要及时用丙酮拭掉，或等硬化后用热刀清除。用干净的棉花蘸上丙酮，反复擦拭，至少要更换两次丙酮棉丝，才能将环氧料彻底清除干净。丙酮用量不宜多，还要避免丙酮渗入到粘接缝内，否则会影响粘接质量。环氧料硬化后，在 100℃以上开始软化，因此可用热刀将硬化的环氧料铲除干净。一般是用不锈钢刀在酒精灯上烧热后使用。

③一定要对好碴口，达到严丝合缝，才能避免出现任何偏差，否则将造成错位。产生偏差的首要原因是修复者的疏忽。当然，也不能排除某些客观原因，如碎块过多、断折面磨损、粘合剂过稠、非速干性粘合剂的流动、粘接面弧度不正等等。上述任何一种情况下，若稍疏忽粘接缝就可出现误差，即使是十分微小的误差，最终必定不能严丝合缝而产生错位，从而使文物遭到不易弥补的损坏。

解决偏差的唯一办法就是处处慎重，时时纠正。由于某些因素难以克服，所以有时再慎重也会出现轻微的误差。如参照前述的粘结顺序实施，则可将误差减至最低，或大面积的短缺处，通过补配这一工序得以补救，以保持陶器整体的美感。

④粘接要固定牢靠。因环氧料需经较长时间才能硬化，在未硬化前，由于环氧料的流动性，易产生偏差，固定方法要因实际情况而设。最常用的是砂箱植立（见下页图），即将略大的甲块插植于砂箱内，应把粘接面向上：略小的乙块应将粘接面向下，与甲块粘接拼合，碴口要严丝合缝，乙块能平稳地叠摞在甲块之上。若因某种原因乙块不能平稳地叠摞在甲块之上，或虽可叠摞，但有掉下来的可能时，应用手虎钳的力量协助固定。方法是用两把手虎钳，分别将粘接缝的两个顶端处夹住。在钳口内应垫上柔软的纸片或泡沫塑料等，以免将文物夹伤。有时也可用橡皮泥代替手虎钳固定，一般一次只可粘接两块碎块，最多不能超过三块。

为使粘接效果可靠，还需给予 1 千克 / 平方厘米左右的粘合压力。砂箱植立时，一般只靠碎块的自重即可达到粘合压力的要求，若是平放，则需用绳线捆绑紧实，以获得所需的粘合压力。

砂箱植立

磁州窑大盆破碎状况

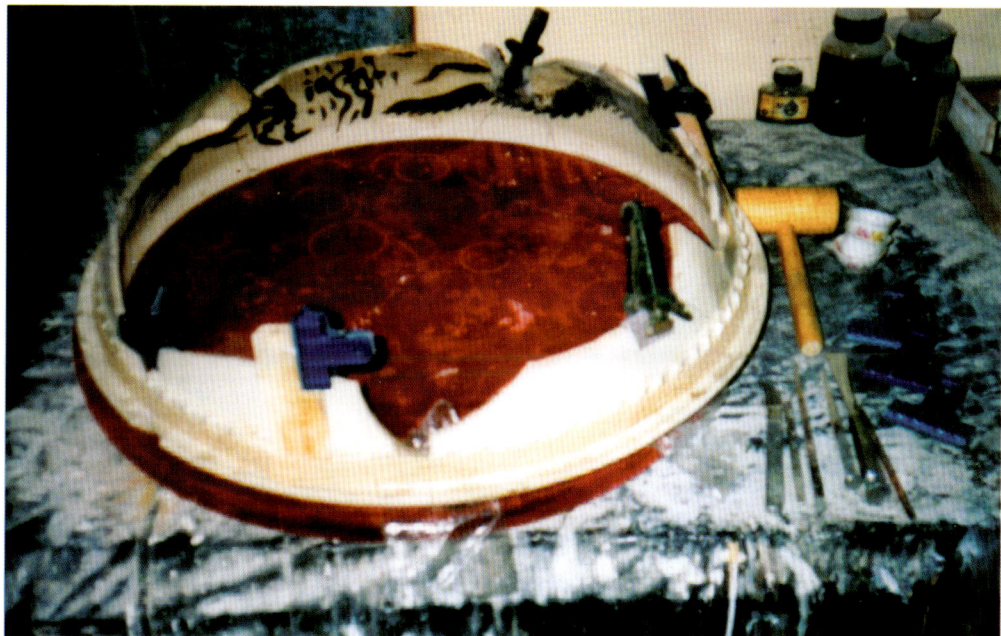

修复中的磁州窑大盆

⑤注意粘接温度。粘接时的环境温度以20℃至50℃最为适宜。若达不到此温度时，碎块可用吹风机进行预热，粘接后应用红外线灯进行烘烤，环境温度在10℃以下时不适于粘接。

⑥严格按照环氧树脂的配方进行配制环氧料（详见表四）。

凡粘接后不符合要求的，一律重新粘接。其方法是用吹风机加热粘接处，待粘合剂软化，将碎块掰开，趁热用刀具将胶质清除干净，然后再用丙酮擦拭，再次粘接。

（2）样托粘接

用环氧料可适用于一般性粘接，但用于碎块较多的圆形器皿则很难奏效。

因圆形器皿的外形是"圆"的，制作时要用转轮。若不是烧制过程中出现变形，圆形器皿的外形轮廓必定都是同心圆。前文已讲，一般性粘接难免出现轻微的位置误差。可以想见，粘接圆形器时，光凭手工和眼力，是不可能获得规整的同心圆的。

笔者曾接受修复一件磁州窑宋代龙纹大瓷盆的任务。此件瓷盆形体巨大，做工精细，前所未见。口径69厘米，高21厘米，器壁厚1厘米至1.7厘米。据文物鉴定家认定，此龙纹盆当属磁州窑特一级珍品。此盆出土时已破碎，碎瓷片高达52块，大小短缺14处。

笔者修复此盆时曾经粘接多次，但均未成功。后来笔者改用样托粘接法，用了半个月，才将此盆修复。

粘合剂选用表四方例一，具体工艺如下：

①此盆虽多处有短缺，但口沿一周的12块碎瓷片不短缺，不影响粘接。根据有短缺时应先从无缺处粘起的惯例，先将口沿的12块碎块一次性粘接完成。

②盆口向下，置于工作台上。按核拼的结果，将其他碎块依次从口沿向上拼合。每拼合一块，均要用纸胶带粘贴固定，直至全部拼合完毕（注意：只是用纸胶带粘贴固定，绝不能使用任何粘合剂）。经检查每一拼合处均准确无误，再用纸胶带将其再一次粘接，包括短缺处也要用纸胶带粘贴覆盖。最后用麻绳捆牢，任何碎块都不能有丝毫的松动。

③将盆口沿向上，在盆内壁贴上一二层高丽纸，只能蘸水贴，不能用胶粘，即时将石膏浆倒入盆内，转动瓷盆，使石膏浆沿盆内壁涮动，务必使石膏浆将盆内壁均匀覆盖。石膏的厚度不低于1厘米，起码要转动三次。此工艺源于石膏品的翻制。此处做法是将瓷盆当做一个模具，石膏浆硬化物相当于用瓷盆模制的工艺成品。铸成的石膏件与盆内圆相同，将在粘接中起到承托作用，并为消除误差，为碎块合拢提供了可靠依据，所以这种粘接，称为"样托粘接"。

④待石膏完全干硬（一般需要五天），再将盆翻转口沿向下，按照预定的粘接顺序，将纸胶带依次消除，即每粘接一块碎块，其他处暂不能动。待此粘接处的环氧料硬化后，再粘接下一块，直至全部粘接完成。

⑤再将盆翻转口沿向上，将石膏样托和高丽纸全部去掉，清洁内壁，以待补配。

（3）乳胶粘接

乳胶粘接就是用乳胶直接粘接，适用于粘接非承力部位的粉碎性断折。

陶器碎块较多，单块面积不到1厘米×1厘米的断折，称为粉碎性断折。

粉碎性碎块凡有可供涂胶的粘接面，则应尽量粘接。若碎块过于碎小，虽有粘接面，但实难涂胶的，可考虑放弃。

因粉碎性碎块很碎小，不宜选用环氧料粘接，一因其流动性，二因其不具速干性，三因其粘性大难以实施，加之碎块过小而难以固定，故极易出现误差，效果很难满意。对此最好改用乳胶粘接，而后用502胶加固，其效果良好。

乳胶的粘接力并不理想，过于潮湿时易开胶。但因乳胶相当粘稠，实施较易，便于清洁，可以避免环氧料的某些不足，故适用于粉碎性碎块的粘接。

乳胶粘接与环氧料粘接方法和要求基本相同，具体工艺如下：

①胶层要匀而薄，拼合时应将两块碎块合而又分数次，这与木工用乳胶粘接木料的方法一样。拼合后及时用加热毛巾（要尽量拧干）将挤溢出的余料擦拭掉。

②用两手合力挤压数十秒钟，给碎块以粘合压力，以待初步粘接。

③在短时间内陶片即可初步粘接，碎块小而体轻，故可连续粘接数块。

④乳胶干硬后，要沿顺粘接缝滴入502胶，进行加固。

注意：新购买的乳胶，应将容器的盖子敞开数日，可使乳胶中的水分散发掉一部分，乳胶就会变得粘稠一些。

（4）502胶粘接

502胶粘接与乳胶粘接方法一样，适宜较小粘接面的碎块粘接，根据粘接要求，分为常规性粘接和应急性粘接两种。

前文介绍，502胶具有粘接力强和快速固化的特点。但有人对502胶粘接力的耐久性持怀疑态度。笔者为此做作过多年观察，但至今未能做出定论。

用502胶常规性粘接，应按502胶的使用说明进行实施。

应急性粘接，是某件破碎的陶器急于展出，没有足够的时间用环氧料粘接，不得已采用的权宜性修复。但这种修复只限于一二处断折，碎块不能太大，且无承力和承力较小的部位。

因502胶有"瞬时固化"的特点。由于大多数陶器壁内有很多微孔，吸水能力很强。502胶是稀薄的液体，若直接往碎块的粘接面上涂覆，胶液会很快地渗入陶器壁内（俗话说叫陶器给"吃"了），无法粘接。如果将毛细血管的孔口预先堵死，就能够降低乃至消除陶器的吸水能力，起码也可降低吸水率。所以，若用某些物质先行堵塞毛细管，然后再用502胶粘接，矛盾就可以解决。

502胶应急性粘接就是据此原理产生的。堵塞物可选用可溶于水的乳胶、107胶等。若陶质坚密，吸水率很低，无"吃"502胶的现象，则采用常规性工艺粘接，但此种情况很少遇到。

现以乳胶为堵塞物，具体工艺要求如下：

①应充分认识502胶一次性粘接的特性。所谓一次性粘接，即陶片涂覆502胶后，如果一次拼合未能正确，502胶便会失去粘接效力。所以用502胶粘接陶片，必须一次拼合成功。为此，要在未施502胶之前，将陶片反复试拼，以确保施502胶后一次拼合粘牢。从实践可知，如用502胶未能正确粘接，可用丙酮清除502胶层，重新粘接。

②乳胶用10倍清水稀释，用软毛笔涂胶，胶层要均匀而薄，若粘接面涂乳胶液

马腿折断状况

较多，可用脱脂棉吸附掉。

③待乳胶趋于固化时（正常室温下，约 20 分钟固化，若用吹风机预热，则固化时间可缩短），在其上涂覆 502 胶，待其趋向于硬化时，再准确无误地将陶块拼接在一起，用手压合，约十几秒钟，最多数十秒钟即可粘接牢固。至于"稍等的时间"到底多长，根据 502 胶的新陈程度以及环境温湿度，在常温下约需等 20 秒钟左右。502胶不宜涂覆过多，以粘接面较湿润为准，此时粘接效果最佳。若胶层过厚，其粘接强度反而会下降。

另外，应急粘接还可使用有一种名为"阿拉代特"（Araldite）的快速硬化粘合剂，系双组分环氧树脂，使用简便，粘接力较高，因此胶的硬化时间在 10 分钟之内，故可用于应急。

2. 灌铸粘接法

灌铸粘接法借鉴于传统的灌铸补配（亦称浇铸法），主要用于短缺性断折处的粘接。此处的灌铸粘接法，实际上是人造石"粘接"与"补配"合二为一的使用，确切讲应是补配性灌铸粘接法。

（1）人造石料灌铸粘接法的优点

传统修复工艺对文物的短缺部位，一般是在补配工序中修复。但某些短缺处，恰好是承力部位，用传统工艺虽能补配完好，却因填料（如石膏）的机械强度差，与原物胶合性差，且不能持久保存。

人造石的应用，克服了传统填料的缺陷，使承力的短缺处的补配，更为科学。

凡承力短缺处，均应选用人造石灌铸粘接（含初步补配），然后再行补配。适用灌铸粘接的短缺处，多发生在承力的腿部，易断折的手臂及某些突出的部位，有以下三种情况：

①某处断折为三块，按顺序可分甲、乙、丙三块。乙块在甲、丙两块之间，并分别与其存在着断折关系，但此时乙块已失，甲块和丙块因被乙块相隔，所以不存在直接联系。

②乙块（已失掉）虽然处于甲块和丙块之间，但是由于乙块较小呈三角状，故未能将甲块和丙块完全隔离开。所以，甲块和两块之间还存在着一定的断折关系，即有部分断折面可供粘接。

③某处断折为两块，一块已失。

（2）人造石料灌铸粘接的工艺流程

①粘接。凡有可供粘接的断折面，先用直接粘接法接好。若粘接面较小，最好将陶块平放于工作台上进行粘接，同时要用橡皮泥等将其固定。粘接后尽可能不再移动，以避免断折。

②遮挡。将粘接好的陶片平放在工作台上，使短缺部分水平向上，并固定牢靠。再用橡皮泥从短缺部位的两侧遮挡。橡皮泥应嵌入短缺处约0.3厘米至0.5厘米，橡皮泥的高度应与短缺处的上口相平。

遮挡无直接粘接面的陶片（即乙块已失的那种情况），应先在陶块的下边用橡皮泥遮垫平稳，再用橡皮泥从两侧遮挡好。遮挡无直接粘接面陶片，具有相当难度，难于确定陶片之间的间距和连续性位置。间距是指已失乙块的长度，连续性是指甲块、乙块和丙块三者之间的拼合关系。至于如何确定，要靠修复者对文物的认知程度，对具体情况缜密观察和分析的能力。

试以某件短缺的陶马马腿为例，主要是根据短缺处的主体部分（指整条马腿）和可参照物（指另一条完好的马腿），以及甲块、丙块的断折面和碴口来判断确定。实施遮挡时要严谨细致，有丝毫偏差也必须纠正。在灌铸前一定要再次复查，当确认绝无偏差时才可灌铸。

无粘接面短缺的灌注粘接及下文即将介绍的无粘接面短缺的注射粘接，均属于较难掌握的工艺。在确定间距和连续性位置时，虽有依据，但主要要靠修复者对文物的感知和经验来确认，因此不可避免地带有个人的"主观臆断"。

③灌铸。在环氧料中以 1：1 的比例掺入石膏粉或水泥。经充分搅拌后，灌铸在短缺处。灌至距短缺处的上口 0.3 厘米至 0.5 厘米处即可，留有余地以备填补。

④去模。待环氧料完全硬化铸好后，将橡皮泥去除干净，然后再进行补配。

⑤脱模剂。据介绍和实践所证实，目前用作环氧树脂的脱模剂均不十分理想。用基硅油（50% 至 10% 的甲苯溶液），成本较高；用聚氯乙稀薄膜、蜂蜡，操作较困难。笔者所用润滑脂，是将一份黄油溶于五份 200# 溶剂汽油中，涂覆在模具上后，等汽油充分挥发后再灌铸。脱模后要用汽油将黄油清洗干净，然后用丙酮再次清洁，以备补配。当然这样的操作很费工时。

3. 注射粘接法

注射粘接法是利用注射器将人造石料注射到短缺性断折处的粘接工艺，是灌铸粘接的另一种工艺形式。因注射工具选用医用选用 500 毫升医用（或兽用）注射器，不用针头，故俗称"打针修复"。

粘合剂选用人造石料。在灌铸粘接时，应将短缺的部分放置为水平向上的方向，但有时根本不可能做到，尤其是大件陶器。如果短缺的部分是垂直向左或其他方位时，若用灌铸粘接法进行补配性粘接，肯定难以实施。所以，应采用注射粘接法。

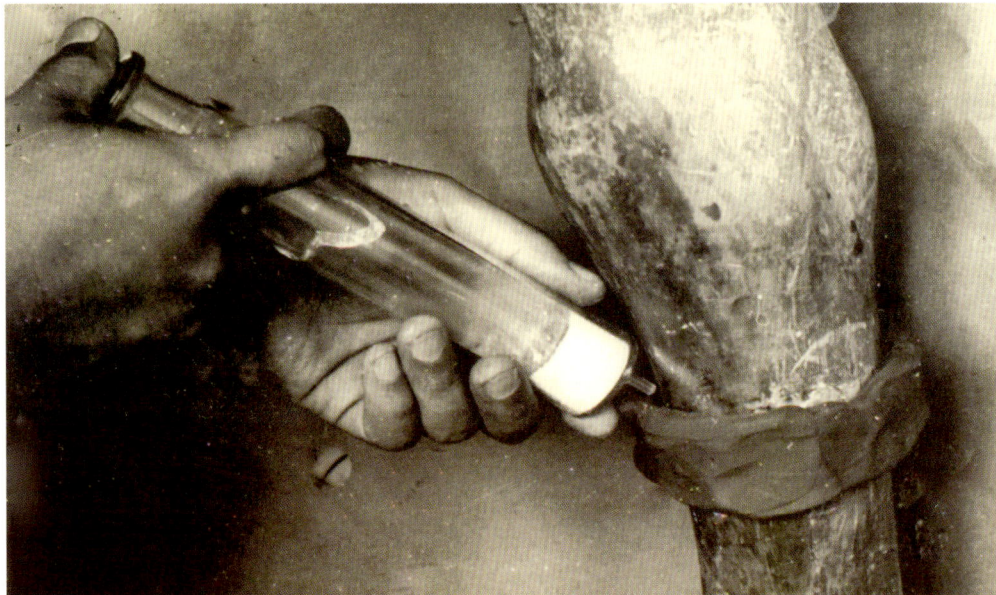

注射粘接

下面举例说明注射粘接法的工艺过程。

将已折断的陶马腿向左内侧倾斜约 10 度，与应有位置的位差约 2 厘米，马蹄距地平面约 3 厘米。专家们共同认定为修复时出现错位而造成的，如要矫正这一误差，必须在马腿的适当部位，人为主动将其断折，再重新修复。

关于人为主动断折，大多数专家、修复者持反对意见。其理由也很充分。但笔者及少数同仁认为，陶质文物中的某些隐患，尤其是承力部位的隐患，若不根除，其后果难料。将隐患造成的后果与人为主动断折的效果进行比较，则不难得出后者所采取的是一种特殊性保护措施，更为有利于文物保护。所以，若遇有不采取人为主动断折就不能消除隐患时，应考虑选用此法（参见第十章第十六例）。

当时，专家们都不愿意做出破坏性修复的决定。但巧合的是，这件秦陶战马在一次短距离搬运中，不慎将马腿断折，而断折处正好是矫正时所需认定的部位。倾斜的马腿距地 2 厘米，使陶马只有三条腿着地，这样在搬动中稍有不慎，马腿就会断折。而错位处恰恰是承力最大的部位，要断折，则首当其冲。此腿的矫正采用了注射填补法，并在马蹄下加厚约 1 厘米，才可将错位基本纠正过来。通过此件秦陶战马的修复过程，可知注射粘接的工艺流程如下：

（1）直接粘接

陶马腿断折后，便可将其矫正为原先固有的直立位置。马腿虽然已经复位，但在断折处可见有一处近似水平状且向左展开的裂纹（内侧呈<形的空隙，即是有短缺。<形空隙呈约近 10 度的三角形，与原倾斜度相同），在顶角处还有极少部分的可供粘接面，此时应先将可供粘接面用直接粘接法粘接。

若无可粘接面时，可在短缺处的中间部位用连接物将其粘接起来。连接物应选用坚硬的石块、陶块等，连接物的体积不宜过大，要尽量小一些，只要能够将上下碎块连接起来即可。在粘接连接物时，特别要注意到上下碎块的连续关系，切不可出现偏差，同时要将连接物粘接牢固。

（2）遮挡

待粘接牢固后，再用橡皮泥沿<形空隙边缘遮挡住，橡皮泥在嵌入空隙 0.3 厘米至 0.5 厘米，并在空隙的最高点留出一个直径约 0.5 厘米的洞口，此洞口即为注射孔。

（3）注射

在环氧料中以 100：50 的比例掺入石膏粉，经充分搅拌，灌入注射器内，然后直接用注射器（不用针头）从预留的注射孔向空隙里注射环氧料，至基本注满为止。注射器用毕应及时用丙酮清洗干净。

（4）堵死

用橡皮泥将注射孔堵死，堵死的同时应将遮挡用的橡皮泥向里挤压，要将空隙里的空气全部挤出，必须使人造石料充满空隙里的所有空间。

（5）去模

待人造石料完全硬化后，将橡皮泥去掉，做好清洁，以备补配。

4. 滴注粘接法

利用 502 胶的良好流动性，将其滴注到所需粘接的非完全性断折处的缝隙内，这就是滴注粘接法。滴注器是盛装 502 胶（20 克或 10 克装）的瓶子。

滴注粘接有两种：

第一种极为简单，凡非完全断折处的缝隙较宽，又能放置为水平向上的方位，将 502 胶瓶直接往缝隙里滴注即可。

第二种称为滴注—填补法。如果断折中的非完全断折(主要是环断)，其缝隙很窄，无粘接面可供粘接。若想将折断处的断折面暴露出来，以便于粘接，只有将与其有关联的未损坏的完整部位人为断折才能实现。这种做法在传统修复中是不允许的。所以采取破坏性修复——动大手术，其工艺称为滴注—填补法，其工艺流程如下：

（1）控槽

沿缝隙用刻刀或锯刀，剔出一道浅槽。槽宽应视缝隙处所承受的重力大小和陶质的强度大小来定。若承力较小而质地坚硬时，槽可窄一些，反之相反。一般在 0.3 厘米至 1 厘米之间为宜，槽深一般不超过陶壁厚度的 1/4 至 1/3。浅槽的上下两边沿应在缝隙的两侧，下沿应取水平或略高于水平。

（2）打洞

在浅槽里每间隔 0.5 厘米至 2 厘米，用尖状工具，沿缝隙的稍上处，朝向下方打一个斜形洞穴。洞的直径 0.3 厘米至 0.5 厘米，深度以不打穿器壁为宜。

（3）滴注

用502胶往陶壁洞内滴注。因陶壁存在毛细管，502胶会渗到陶壁内部，每间隔二三分钟滴注一次。

（4）填充

502胶滴注一段时间之后，502胶便不再渗入陶壁内。此时要趁502胶未硬化，迅速将石膏粉或是水泥填入陶壁洞穴之内，并用工具压实；然后再滴注，再填充，再压实；如此反复多次，直至陶壁洞填平为止。待完全硬化后再填补平整。

经滴注、填补的陶壁洞穴，可铸成数颗钉子状物，浅槽可形成一道坚硬的紧匝，从而达到粘接的目的。

滴注—填补法是较复杂的一种粘接工艺。这种工艺周期长，精密度高，尤其是剔槽和打洞时只能用手工操作，不仅需要高超的技艺，而且要凭借一种对文物的悟性与感知精雕细刻，恰到好处，而绝不能因剔打使临近的部位受到任何损坏，忌用电动工具。

前文提及的人为主动断折，与此处介绍的滴注—填补法，均属于破坏性修复。

破坏性修复是损其一点而保整体的修复工艺，曾用此法修复过大量的文物复制品，经验证，效果甚理想。此后，才用于陶质文物的修复，取得同样好的效果。

人为主动断折和滴注—填补法的工艺要求都很高，不易掌握，在无十分把握的情况下，一定要慎用或不用。

第六节 粘接加固工艺

陶质文物修复加固，有机械加固和化学加固两种，粘接加固属于化学加固法，本节仅对粘接加固进行探讨。

粘接加固是利用粘合剂的粘接力对裂纹（包括初步粘接后的粘接缝）酥脆的陶壁和彩绘层及某些补配等处，进行加固保护，统称为加固工艺。经过粘接加固，增强了损坏处的机械强度，可防止损坏处进一步恶化。

1.502胶直接加固法

用502胶加固，是最简单的加固方法，只要将502胶直接滴在所需处即可。适用于一般性裂纹（包括初步粘接的粘接缝），以及某些补配处。

用502胶滴注时，不要一次性灌入，而要一滴一滴地滴入，要等502胶渗入陶体时，再次滴注。凡有裂纹的陶器，敲击时定会有闷哑或"啪啪"的破裂声。用502胶滴注时加固后再敲击，若破裂声基本消失，则说明加固工艺即告完成。

2. 滴注—填补加固法

此法工艺与上节中的滴注—填补法基本相同，只是无需挖槽和打洞，用于坏裂及某些承力处的裂纹。

3. 涂覆加固法

涂覆加固法又名喷涂加固法，是将加固剂（粘合剂）直接用毛笔涂覆，或用喷枪喷涂在所需加固部位表面上。主要用于酥脆的彩绘层和陶壁，以及某些凹凸的塑补处。

（1）对涂覆加固剂的要求

涂覆加固法用于陶器表面，但绝不能破坏陶器表面。因此所选加固剂（粘合剂）要符合以下几点要求：

①有良好的保护性，即粘合力强。

②加固剂溶液能被加固处吸收，而表面不会起光亮。光亮是加固剂干硬后所常有的，同种加固剂的亮度随浓度高低而强弱。加固剂溶液稀薄，光亮则不明显。若出现光亮的，可将涂覆剂稀释，则能将光亮消除。

③涂覆后不泛白，即不白化。泛白是加固剂固化后结成薄膜所呈现的颜色，影响了加固处的直观效果和陶器整体的美感。陶器未经涂覆加固之前，因受环境湿度和温度的影响，可自由地或吸收、或蒸发潮气水分。但经涂覆加固后，陶器表现覆盖了一层薄膜，所以在蒸发时，水气受阻而产生"泛白"。为防止出现泛白，可在加固前对陶器进行自然干燥或加热干燥处理。加固后若出现泛白，可用加热方法将其消除。加热器一般选用电吹风机或红外线灯。

④非表面处的涂覆加固，只考虑有良好的保护性即可。

（2）常用涂覆加固剂

涂覆加固是传统工艺，历史悠久，故所用加固剂有如下几种，其中有传统加固剂，也有现代化工加固剂。

①虫胶溶液。即虫胶清漆。以 5% 的虫胶溶于乙醇制成,多用于内壁的涂覆加固。

②喷漆溶液。以 30% 的清喷漆,加入 70% 的硝基稀料所获得的溶液,用于彩绘层加固。

③赛璐珞溶液。即是硝基纤维素溶液。最简单的制法是除掉照片底版上的药膜,将其溶于丙酮而得的溶液。使用时按 2/3 的比例,加入 1/3 的醋酸戊脂,用于加固彩绘层。

④三甲树脂溶液、502 胶、107 胶。多用于补配处的加固。

⑤鸡蛋清稀释液。以 3–5 倍的清水将鸡蛋清稀释是传统用料。一般用于加固唐三彩脸部的彩绘层。

（3）加固效果

加固的效果要达到以下标准:凡陶质酥软处,用手指轻压按,会有明显的硬度感;凡彩绘处,用手轻轻摩擦,无颜色脱落。

笔者曾用 107 胶加固过一件行将剥落的骑马俑人物脸部的彩绘层。其方法是以五份清水稀释一份 107 胶。然后用软手笔轻轻从彩绘层翘起处滴注,待 107 胶将固化时再次滴注,反复数次,经过七日完成全部工序。此件骑马俑到某国展出时,对方担心彩绘层可能脱落。随展工作人员当场用稍重的手力摩擦,彩绘层依然如旧,无丝毫剥落。

（4）涂覆加固工艺

此工艺较简单,用软毛刷或软毛笔蘸取加固剂,在应加固处的表面顺序涂覆（假定自上而下）,待加固剂行将固化时,再次涂覆（改为由左至右）,这样反复进行数次。落笔要轻柔,着力要均匀,涂覆要完满。也可用手推式喷雾器（即家庭用灭蚊蝇的喷子）或小型喷枪或喷笔进行喷涂。涂覆加固后的牢固性较为理想,广泛用于陶质文物及其他质地的文物修复。

4. 压层加固法

压层加固法就是玻璃钢加固法,是将玻璃钢制作在陶器内壁上,达到粘接加固的目的。适用于大型陶质文物的修复。

对于酥脆的陶壁,过去没有什么行之有效的方法进行加固。据说有人曾用胶布粘贴在陶器内壁上,其效果非常不理想。自从采用环氧树脂工艺后,便以它为原料制造玻璃钢进行加固后,陶质文物的修复取得了可喜的成果。

秦始皇陵巨大的兵马俑陈列品大多是采用这种方法加固的，重现了两千年前声势浩大的秦代军容景观。最能说明问题的是远涉重洋出国展出的古兵马俑，在多次的辗转长途运输搬运中安然无恙。科学加固手段为历史文物注入了新的活力。

（1）压层加固法的原料

粘合剂选用环氧料（见表四方例一或方例六、七）。

用环氧树脂可以制造出各种质地的压层板。如用云母、木材、纸张和玻璃布等制成的压层板，其中用玻璃布制成的压层板，性能最为优良，用途广泛。

玻璃布即用高级玻璃球制丝织成的玻璃纤维布，具有高强度、耐水、耐腐蚀、收缩率小等优点。制成的玻璃钢压层板，质轻而坚硬，机械强度可与钢板相比。如结构钢的抗拉强度是 4200 千克 / 平方厘米，密度是 7.80，压层板的抗拉强度是 3220 千克 / 平方厘米至 4620 千克 / 平方厘米，密度仅是 2.20，故有"玻璃钢"的美称。

玻璃布最好选用经纬度较为稀疏的成品（0.2 毫米至 0.4 毫米），一定要清洁无污染物和油渍。在使用前最好将其放在热皂液中进行处理，然后再用清水将皂液漂净，待干燥后备用。

在制作玻璃钢的工艺过程中，需要加热和加压，而在陶器器壁上实施加固时难以做到，故舍去了这一环节。加热或加压是制作玻璃钢的必不可少的工序。

（2）压层加固法的工艺要求

清洁——凡需加固部位必须无任何污物，涂胶之前应再次用丙酮清洁。

涂覆——在所需加固的部位，涂覆一层环氧料。

铺敷——将玻璃布平整地铺敷其上，或将环氧料涂覆在玻璃布上，再铺敷到所需加固的部位。

砸打——用砸刷或普通鞋刷在玻璃布上反复砸打，直至玻璃布和所需加固的内壁完全吻合。凡需加固的部位，陶质都比较脆弱，所以砸打的力量要适度均匀，如同碑石拓片。

反复——再用上法反复二至四次，即铺敷三至五层玻璃布，待环氧料完全硬化后即成玻璃钢。

5. 注射加固

注射加固是专为加固凸釉而设计的新工艺，它源于注射粘接法。以 502 胶为粘合剂，详述见第十章第四例。

第六章 陶质文物修复中的补配工艺

　　碎陶块经粘接拼合后，可恢复陶器原来的形状，同时也将短缺的部位显现出来。对这些短缺的部位（以及粘接缝），要根据该陶质文物原有的面貌，用填料将其补齐。这种将残破的陶质文物恢复到原有形状的过程，就是补配。

　　补配的效果，应与陶质文物未破碎前一样，并以"天衣无缝"为最高标准。

第一节　补配的基本要求

　　补配是展览修复的关键工序，只有将补配做好，陶质文物的形体才能完整，才能仿色，才能整旧如旧。如何把握住这一关键工序，下面几点是必需做到的。

1. 忠于文物的原貌

　　修复要忠于原文物，万不可因修复而失真，这是修复的原则，尤其是补配和仿色。

　　无论是研究文物，还是鉴赏文物，重要的依据是文物固有的特征，即文物固有的形状、纹饰、色彩和各种锈等等，人们通过这些特征，看到文物的内容，看到其神髓。任何一件文物，即使是极粗糙的原始陶器，都注入了那个时代特有的风貌，凝聚了当时人们的聪明才智。文物之所以珍贵，一个重要因素是它代表已经逝去的历史。如果修复时不顾文物本来的形体，用"今天之形"覆盖了"昨天之貌"，就失去了研究、鉴赏文物的价值。

2. 把握文物的神髓

　　神髓是抽象的概念，但神髓又是具体的表现。我国陶器，历史悠久，产地广泛，不同时代、不同地域的制作者一，具有不同的审美观、不同的信仰、不同的实用需要、不同的技艺水平，这些因素，构建了千姿百态、色彩缤纷、各具风采的陶质文物。因此，每一件陶器所具有的风格，就是当时人们意识形态的具体表现。这种风貌，就是制作者的神髓。修复者也有神髓，但今人的神髓与古人的神髓可以一脉相承，但又有一些距离。如果能将这一距离缩至最小，那我们就能领悟、把握、再现这种神髓，这种高超的技艺，对于今天的文物修复工作者来说，返本归真的"创造"，则是不可获缺的基本素质。唯此，经修复的文物才具神韵。

3. 了解古人的审美观

陶质文物属于造型艺术，其中的单色陶是纯雕塑艺术品（单色陶虽无绘画，但有刻划纹和颜色），彩绘陶和大部分釉陶，是雕塑和绘画相结合的艺术品。古人在制作陶器时，也是刻意表现了他们的审美观，因此文物修复工作者应对古人的审美观有所了解，在补配和仿色中，就可依此而达到忠于文物原貌的要求。

至于如何才能了解古人的审美观，应对各时期、各地区的文物（包括实物和照片）进行直接观摩，进行比较，洞悉领悟古人的心灵、审美，从中捕捉时代感、地域性的细微差异。

下面以陶马为例，做概括分析，供修复者参考。

20世纪70年代，在陕西临潼出土了大批的秦代陶战马。此前在陕西咸阳杨家湾也出土过数百件西汉前期的彩绘骑马俑。这些陶马均为战马，却分属于秦、汉两个时期，制作时间大约相距五六十年（杨家湾彩绘骑马俑可能是汉文帝时期的作品，见《文物》1977年第十期），发掘出土的地点相距约一百公里。

放在五千年文明史中，放在幅员辽阔中国版图上，这种差异就显得十分微小。然而，除去秦陶战马从形体高大、汉陶战马的形体矮小之外，在其他方面也存在相当明显的差异，具有截然不同的风格。

表五：

秦、汉陶战马部位比较表

时代	名称	部位				
		整体	耳部	胸部	腿部	四蹄
秦	陶战马	刚柔相间	略小	平整	适中	略小
西汉	彩绘骑马俑	粗犷刚劲	略大	空凸	略长	略大

再如唐三彩,由始至衰不过六七十年,目前所知制作地点仅为西安和洛阳两处(根据唐三彩出土情况,其产地应主要在长安和洛阳,但迄今只知河南巩县一处。见《中国陶瓷史》215 页),然而却独具特色。仅以三彩马为例,西安三彩马的造型较为精细,姿态多变,体态丰满,线条含蓄,釉色较为古朴;而洛阳三彩马的造型较为别致,姿态坚定,体态骁勇,线条流畅,釉色较为明快。

以上所讲的秦、汉陶马的艺术特征,也仅是某一地区、某一时代的总体特征。具体到每一件具体的秦、汉陶马,又有各自的特征。但这种特征又必然服从总体特征。所以,在实施补配和仿色时,要把握个体陶马的特征和陶马的时代总体特征,既要尊重总体风格,又要忠于个体特征。

第二节 补配的方法

陶器的短缺情况是不同的,所以补配方法也较多,但不管是怎样的短缺和选用何种补配方法,均需达到"天衣无缝"的标准。为达到这一标准,除应顾及到上文所述外,还必须做到以下几点:

①凡短缺初经补配后,必须规整,补配出与邻近面的连接缝必须吻合,最忌参差不齐,凹凸不平。邻近面是指陶器从某一部分已短缺或崩碎,在其四周未损坏的陶器表面,或裂纹或粘接缝两侧的陶器表面。

②某些短缺,尤其是立体部位的短缺,如俑类的手脚,动物的饰件,器皿的足耳等,在补配时必须有确凿的参照物才可补配。

按,所谓确凿的参照物,就是与短缺部位形状完全相同的未短缺的部位,如三足鼎短缺一足,另二足就是确凿的参照物。再如某陶俑的左耳短缺,此俑的右耳也是确凿的参照物。若本器上无参照物,可从相同陶器上寻找,如秦陶战马的两道飞鬃全失,另一件相同形制的秦陶战马的飞鬃就可以做确凿的参照物。另外,有一种特殊情况,就是虽可找到参照物,却又不够确凿。遇到此种情况,可不补配(参见第十章实例十)。但若从其神髓风格上可以寻找到确切的脉络,只要修复者能与古人神合,还是可以谨慎地进行补配的(参照第十章实例九)。若无确凿的参照物,绝不可补配。

③注意分析原陶质的成分、颜色。

陶器是焙烧而成的,而补配(除陶补处)是以填料补配而成,它们的质地不可能一样，但是质感和色泽是可以仿制的。仿制一般要求与原物相同，因补配后还要进行仿色、作旧处补配处被覆盖其下。所以可不考虑质感和色泽。但以高水平的补配，应考虑到质感和色泽的仿真；即便是只仿出大致效果，也是符合忠实文物的原则。

研究修复需要补配时，也可不要求质感相似，故只需做到前两点，后一点则不需考虑。故研究修复一般只选用白色石膏做填料。

第三节　补配的四种工艺

补配有四种基本工艺，即陶补、填补、模补和塑补。

1. 陶补

以陶补陶的工艺，即为陶补。陶补属于传统工艺，陶补所用的陶泥经焙烧后所得的陶块，其质地与原陶器质地相差无几，按理应是理想的补配方法。但因由陶坯到陶块的过程中，操作者若无经验，很难恰到好处地掌握收缩率（8%至15%），烧成品或偏大或偏小。再则陶块的色泽全凭焙烧工艺的技术，此项技术的掌握非一日之功，所以难以推广。

陶补工艺步骤如下（此工艺根据李庆知《我是怎样修补陶器》一文编写，载于《文物参考资料》1955期）：

①将陶泥按在需要补配的短缺处，两面刮平，其厚度应和邻近的器壁相同，为陶坯。

②待陶坯接近完全干燥时，轻轻取下，放在炉旁微火烘干，或自然干燥。

③待干透后，再放在炉内用火焙烧。

④烧透后，取出放凉，最后粘接在需要补配的短缺处。

⑤新烧制好的陶块呈土红色，若用纸包上后再烧，可得到灰黑色，火候掌握得好，可以得到近似原陶器的颜色。

2. 填补

用填料将已短缺的部位填满补齐的工艺，即为填补。

填补工艺简单，适用于裂缝处、平面或弧面的短缺、凹缺等较大范围。

（1）填料

填补用的填料，要根据需补配处的具体情况而定。

复合填料——由石膏、水泥、胶质物混合而成。胶质物可选用乳胶、107胶。实用比例为1：1，颜料适量。所谓适量是根据需补配处的强度要求而定，但不要超过10%，因胶分过大，强度反而减小。另根据文物胎色，加入适量的颜料，以求填料与胎色一致为最好。若无把握时，颜料要少用，只要比胎色略为浅淡即可。陶器若是夹砂胎，在填料中掺入适量的砂子，配制时先将石膏、水泥按比例掺混均匀，水中加入胶质物充分稀释，然后将混合料徐徐导入，充分搅拌。

人造石料——按环氧树脂的应用配制方法配制，填料可选用水泥（100# 至300#），有时需加入适量石米。

（2）裂缝处（包括粘接缝）的填补

首先要确认裂缝处的深度和宽度，对文物影响的大小，再确定用料和方法。根据裂缝的具体情况，大致有以下四种：

①裂缝浅而窄，一般对文物不会造成进一步的损坏，只需用填料平整即可。

②裂缝浅而宽，一般对文物的影响不大，也只需用填料填补平整即可。但若能在裂缝里先涂覆一层107胶再填补，其牢固效果则更好。

③裂缝深而窄，因裂缝深，若遇外力作用可能使裂缝加大而影响文物的安全。所以，应先用502胶进行滴注加固后再行填补。若裂缝太窄而无法滴注，或裂缝处承力较大时，则可考虑选用滴注—填补法。

④裂缝深而宽，可选用502胶加固后，再进行填补，亦可先灌铸人造石料，而后填补。

（3）平面和带弧面处的填补

这类的短缺。有两种情况，一是单面的短缺，二是双面的短缺，此两种情况的填补工艺有所不同。

①单面短缺。所谓单面，即从陶器的表面只能直观到器壁的一个面，而器壁的另一面则看不见，或不能直观见到，如陶马的腹部。凡单平面的短缺处，应先用硬纸片或橡皮泥等遮挡物，从器壁的内面将短缺处遮挡住。凡遮挡单弧面的短缺处时，遮

挡物要与邻近面的弧度相连续。遮挡后，由器壁外表面用复合填料填补规整。为加强补配处的强度，在填补前要在邻近面的断口上涂覆一层107胶，填料干硬后，沿填补与陶器的连接处滴注502胶。

单面填补最好是随粘接随填补，这可事半功倍。若待全部粘接好后再填补，则比较麻烦。如原器上若有排气孔，则需先从洞口往腔内灌满砂土，使砂土和短缺处内壁相平。经填补平整后，再将砂土从洞口倒出。若无排气孔或无法灌砂时，可按照短缺处的形状剪一块硬纸币，然后将其卡入短缺处的近内壁处（越接近内壁越好）。

②双面的短缺。所谓双面指的是陶壁的内表面和外表面以及多面体的表面。如陶盆、陶鼎、砖瓦等。凡双面的短缺，均需分为两次填补。第一次填补，任选一面（或内表面、或外表面），用油泥浆短缺处遮挡住，并将油泥嵌进断面处的1/2，然后从另一面用填料填平整。待填料硬化后，将油泥去掉，然后再从另一面进行第二次填补。在第二次填补前，最好在第一次填补外的内面上涂覆一层粘合剂，小面积处可选用107胶，大面积处选用环氧树脂则更好。

凹缺处的填补，未穿透陶壁的短缺，称为凹缺。凹缺多发生在实心部位。陶器一般空腔的居多，也有一些部位是实心的。如陶俑的头部、臀部等，若在这些实心部位上有所短缺，即为凹缺。

凡凹缺处的填补，要根据凹缺的体积、深浅和承受情况分别实施。

若凹缺处的体积小而浅，承力极小，或不承力，只需用复合填料填补规整即可。

若凹缺处的体积较大而深，承力也较大，则需先灌铸人造石料进行加固性填补（实质等于灌铸粘接）。人造石填料灌满凹陷体积的2/3即可，待干硬后，再用复合填料将剩余的1/3填补规整。

3. 模补

利用范模翻制的方法进行补配的工艺，即为模补。

模补是传统修复工艺，应用范围较广，适用于不同度数的弧形面、胎装饰（如刻划纹、排印纹，模印纹等）、堆塑纹饰和已缺失的器耳、器足等部位。

（1）范模翻制

范、模有古今两种不同的含义。古代将既定制作的样式实体称为模，范是从模上翻制出来的。古代的范，有铁范、陶范等。今义的范、模含义与古代完全相反，本书选用的是今义。今义的范，就是古代的模。范有两种来源：一种是已存在的客观实体，修复中是指可制模的参照物。另一种是用胶泥、木材等作出的模型，俗称"子形"，或称作"子"。由范上翻制出模,亦称作模子、模具。再由模子翻制出所需补配用的配料。此种补配工艺称为范模翻制。

陶器的短缺和确凿参照物的情况很复杂，如陶器表面有素光面与纹饰面之分。纹饰面又有胎装纹饰，绘画纹饰之别；立体部位有浮雕、圆雕、堆加等等。但是，模补工艺具有可塑性，模具能够随实物任意变化组合，所以多数短缺都可用模补来完成。模补可分为翻制模补和打样模补两大类。每类中由于选用的原材料不同，工艺上亦有所区别。

（2）模补前的准备
①找好确凿的参照物。
②备好脱模剂，常用肥皂水。将肥皂（最好是药用软皂）切片，放入水中煮化。若加些普通油脂，脱模效果更佳。

（3）翻制模补
根据短缺情况和不同的制模原料，有石膏翻制、模泥翻制、作子翻制、蜡模翻制和硅胶翻制等几种。其中作子翻制并入塑补，蜡模翻制原于失蜡法，硅胶翻制主要用于复制品，在此不详细介绍了。

石膏翻制,适用于陶器表面(包括素光面和胎装纹饰)弧度大于180°的立体部位。
①模块划分。根据已确定的参照物的部位、形状、弧度，确定模具的块数。模块的数量不限（越少越好），以能顺利脱模为准，即每块模的弧度均不能超过180°。亦不能出现死角，即低于90°，如果把360°的圆形体（如柱形鼎足）划分为180°的两块模，实际操作时很难做到。因180°的分割线用眼力很难分割准确，常常是一部分大，一部分小。再则陶器中绝少有等同半径的圆形体，大多数属于非等同半径的（如马腿），所以划分为三块最宜于顺利脱模。
②遮挡。用橡皮泥条或胶泥条在参照物上将第一块模的地方圈起来，泥条一般宽2厘米，厚0.5厘米。
③涂覆脱模剂。脱模剂要用软毛刷顺序涂覆，再用干净的湿毛巾（水分要拧干）在已涂覆脱模出轻轻摁摁。目的是使脱模剂表层无凸棱而平复，除去淤积在纹饰阴处的多余脱模剂。

④调配石膏浆。石膏粉与水调合后为石膏浆。石膏与水的配比为1：1左右。如果需要稀调，则调整配比。配制时要先放水，后将石膏粉分数次均匀地散入水中，再充分搅拌。

⑤灌注石膏浆，最好分两次灌注。第一次配制取石膏总量的三分之一，石膏浆要略稀薄。灌注后要轻轻摇动。这样可使胎装纹饰铸造得清晰真实。第二次的石膏浆要略稠。

⑥做口。待石膏浆凝固后微微发热时，即可将模取下，去掉泥条，略加修理，再将连接下一个模块的接口铲平，并做口。做口又称榫口，即用刀具在接口面上挖出凹坑，一般不能少于两个榫口。

⑦连续制模。在接口面上涂覆隔离油（可用一般食用油、亦可用肥皂水），将次模放归原处，再按上述方法制作第二块模，直至全部做好。

⑧翻制。翻制用模有干模和水模之分。干模是等石膏模具完全干燥后（通风处需三至五天），再用热皂水烫模（涂刷若干遍热皂水）后才可翻制。干模使用得当，可翻制数十个翻制件。

水模是将固化的石膏模具及时放入清水中浸泡。石膏模吸水饱和时，从水中取出，及时注浆翻制。若先行涂覆冷皂水，脱模效果更好。水模往往只能翻制一个翻制件，模具就可能报废。

修复者若能做到一次翻制成功，最好使用水模，可省时又省工。若无把握，还是用干膜保险。翻制件（即短缺处的配件）的用料采用石膏，最好是复合填料。其工艺是将模具拼合成整体，用线绳等捆牢再按②至⑤实施即可。

⑨粘接。待翻制的短缺配件成形干燥后（一般需三至五天，复合填料切忌火烤），用直接粘接法将之与短损部位吻合，粘接到短缺处，再用填补法将接缝填补规整。

(2) 泥模翻制

适用于小面积胎装纹饰、堆加纹饰和素光面处短缺的部位补配。泥模亦是传统工艺，原料采用普通的胶泥，工艺简单，易于操作，原料可反复使用。在传统工艺的基础上，笔者配制的翻模泥是一种多成分的新泥，较纯胶泥效果更佳。其成分是40%的黄胶土，40%的黑甘土，20%的耐火土及适量的润滑脂、地板蜡。以水和泥、揉炼均匀备用。其具体工艺如下：

①将翻模泥拍压成片，泥片厚度不低于1.5厘米，面积要略大于需补配处，表面要平整。

②泥片上扑撒滑石粉，如人们化妆似的，略施粉黛，要稀薄均匀。

③将泥片贴至参照物处，用手拍压，务必使翻模泥嵌入纹饰阴处，再轻轻将泥片取下，即是泥模。

④将泥模周围遮挡后，注入复合填料浆。浆料硬化后去掉泥模，即是短缺配件。若其上残留模泥，应清理净尽。

⑤待完全干燥后修整，即可粘接至短缺处（参见第十章实例七）。

（2）打样模补

打样模补是具有翻模和填补为一体的独特补配工艺。适用于补配圆形器皿双面短缺处。打样原料采用打样膏、石膏和橡皮泥。

（3）打样膏打样模补

打样膏是医学上镶补牙齿时，制作牙齿模具的用料。打样模补即借鉴了牙科镶复的材料和工序，故称打样模补。其优点是模具不会走形，原料可反复使用，但不适用有胎装纹饰处。下面以陶盆为例介绍打样模补工艺。

某件轮制素光面陶盆形体复原后，其腹部（包括口沿）短缺面积达 2/5。另有一完整陶盆作为确凿参照物，选用参照物腹部外表面，作为取样处。

①在取样处涂覆胶模剂（一般可用清水）。

②估算用料，并将打样膏敲碎。

③瓷碗中注入 70℃至 80℃的热水，再将打样膏碎料投入水中。

④待料软化后，用手捏揉均匀，并压成 3 毫米至 5 毫米厚的薄片，薄片面积要略大于需补配处。

⑤迅速将薄片贴至取样处，用手摁压。

⑥打样膏硬化成形，即是样模。将样模取下移至所需补配处固定。

⑦从腹部内表面按填补工艺要求进行填补。

（4）石膏打样模补

此种方法除原材料将打样膏换成石膏外，其工艺可参照石膏翻制工艺和打样膏的⑥和⑦实施。

（5）橡皮泥打样模补

这是打样模补的另一种方式。因改用橡皮泥，故其工艺略有不同。先用热水调整橡皮泥的硬度，糅合光滑。再擀成 0.5 厘米至 1 厘米的厚片。擀压时应撒些滑石粉以防粘连。根据需补配处的大小，切成大于 1 厘米的泥片，贴至取样处，用手摁压成形，即成模具。以下工艺与打样膏⑥和⑦相同。因橡皮泥硬度较小，所以移动时要轻拿轻放，切勿使模具走形。

4. 塑补和复合填料

（1）塑补

用塑补刀、刻刀等雕刻、塑造出需补配部位的形状，这种工艺方法称为塑补。塑补适用于彩绘陶的所有短缺部位，其他陶的立体短缺部位，如俑耳、马尾和某些堆纹饰等。只采用复合填料为唯一填料。

塑补工艺是笔者的偶得（参见第十章实例一）。在传统工艺中虽无塑补工艺，但有塑补性质的工艺存在。如某件陶俑的左耳已短缺，右耳完整，所以右耳就是确凿参照物。此时无论是用陶补还是模补，只要是直接翻制出的短缺件仍然是右耳，不可能补配到左耳的短缺处。遇有此种情况，若选用陶补，则需用陶泥参照右耳将左耳做出，这里的“做”，实际就是塑形。若选用模补，亦需泥塑出左耳再制模，再翻制配件。又如彩绘陶需补配处的确凿参照物就在本器之上，又只能用模补完成时，则亦先作模子，再翻制。这是因彩绘层上不能涂覆任何脱模剂，也不能直接接触石膏浆、橡皮泥等含水和油的物质。再如确凿参照物是在另一件文物上，若出现上述情况，亦需先做子形。以上种种工艺都是雕塑出配件，再补配到短缺处。塑补与之不同的是无需先配后补，而是在需补处直接实施。

无论是先雕塑出配件，还是直接塑补都是补配中难于掌握的工艺。说其难，是因前述几种补配工艺，均有文物本身做为依托，尤其模补是通过模具来完成的。而塑补则需脱离文物的依托，甚至没有参照物，完全凭修复者的技艺（不仅仅是技术）进行补配。

塑补工艺虽难，但是它的确有使残缺的文物起死回生的神来之功。只要修复者熟知所修陶器的风格，知其神髓，就能雕塑出细微蕴含的线条，恢复文物固有的神形风采。残缺的文物往往要借助这种“再创造”才能使古老的文物复活。塑补工艺的效果，是其他任何补配工艺无法比拟的。塑补的主要过程如下：

①涂胶。在需要塑补处断折面上涂覆一层 107 胶。

②堆积。将复合填料堆积在需塑补处，并削成所需的基本形状。

③雕塑。待复合填料开始硬化后，即在能下刀的硬度时，运用刻、铲、推、剔等手法，

将所需补配的形状雕塑出来。

④加固。待复合填料干硬后，凡突出立体部位，承力部位均要在其表面涂覆 502 胶，以加强塑补处的机械强度。502 胶硬化后，若产生亮光，用丙酮擦拭，亮光即消失。一般部位可酌情涂覆 107 胶适当加固。

（2）复合填料

填料，又称填充料或填充剂，一般是指用于添加在某些物体(或液体或固体)中的，以改变其性能或降低其成本的固体物质。如在环氧树脂中填充石膏等。在补配中则相反，以填料为主要的成分，粘合剂为添加剂，用于塑补称为塑料。补配所选用的填料，以对文物无丝毫腐蚀作用，而且坚固实用。传统工艺中的填料主要是石膏，其次是水泥。石膏和水泥各有长处和不足。

熟石膏又名烧石膏或锻石膏，白色粉状物。熟石膏与水拌和后有良好的可塑性，易硬化，吸湿性较强，保存时应置于干燥通风处。熟石膏分三种，即特种石膏、精制石膏和普通石膏。补配一般不选用普通石膏。

石膏粉有可塑性，工艺简单，成本低廉，省工省时等长处，但是石膏性脆，强度低，不适于雕塑，吸湿性强，硬化的石膏受潮较重时可能粉化。

硅酸盐水泥，俗称洋灰。为粉状的矿物质胶凝聚材料，与水拌和在空气中硬化。根据原料和制作工艺的不同，水泥可分为硅酸盐水泥、高铝水泥、膨胀水泥和白水泥等四个品种。白水泥即白色的硅酸盐水泥，如加入耐碱性的矿物颜料，可得到彩色水泥。水泥按硬化后的不同程度，分为 $200^\#$、$250^\#$、$300^\#$、$400^\#$、$500^\#$、$600^\#$ 等六种标号。补配主要选用标号 $400^\#$ 以上的硅酸盐水泥和白水泥。

水泥具有极其良好的机械性能，如 $400^\#$ 水泥在干硬后每平方厘米可以承受 400 千克的压力，而且时间愈长久（无盐碱浸蚀）愈加坚硬。但是由于水泥固化过程长，未完全固化时流动性大，故只适于平面填补和部分模补。水泥干硬后强度很大，不易修整，更不可雕塑，且在干硬过程中，收缩率比较高而易产生裂缝。所以在补配中有一定的局限性。

复合填料是石膏、水泥和 107 胶及颜料的复合物，具有以下特点：

①干硬后的机械强度虽不及水泥，但高于石膏，其收缩率接近石膏，由于加入 107 胶，所以干硬后无裂纹，具有较好的牢固性。

②可塑性大大高于水泥，亦高于石膏。

③从凝固到开始硬化，约用 5 分钟至 10 分钟，而由开始硬化到完全干硬需 24 小时，

所以有充裕的时间进行塑补，精雕细刻。

④ 干硬后呈浅灰色。以此为基调在配制是添加颜料，可获得接近灰陶、黑陶和某些红陶的色调。

⑤塑补白陶、瓷器时，则选用白水泥或获得接近陶瓷本色的色调。

由于石膏和水泥受潮后性能就会降低或失效，因此在正式使用前必须先取少量石膏、水泥（包括新购买的）为样本，进行质量检验，在证明质量无问题时才可使用。

第四节　釉陶的补配

釉陶一般选用填补和塑补工艺，有时也需用模补。

釉陶补配后的效果不仅要"天衣无缝"，而且要讲究表面光洁，单色陶的表面比较粗糙，彩绘陶有较厚的彩绘层覆盖着，所以补配处光洁度不是很高，而釉陶表面有层薄薄的光滑釉质，若补配处不够平整光洁，就会影响仿色（釉）的效果。

另外，仿色（釉）用硝基漆，并以漆的粘接力附着在补配处的表面，这就要求补配处要具有良好的被附着性能。那么，作为被附着物（补配处）选取用何料填料最为适宜呢？目前常用的有石膏、复合填料和二氧化钛等。复合填料虽有很多优点，但结构较松散，颗粒大，表面粗糙，所以难尽人意。较为理想的是二氧化钛，但在实用中也有一定的局限性。

复合填料适用于塑补部位，为克服粗糙的弊端以求得光洁的效果，可涂覆502胶或硝基清漆，待其硬化后打磨，反复数次，使其达到理想效果。

二氧化钛适用于平面和低弧度面的填补及简单的塑补。二氧化钛填料以虫胶清漆为胶质物，一般配置比例为二氧化钛100份，虫胶清漆30份至50份，需经充分搅拌，干硬后质地坚硬，类似某些釉陶的胎质，较脆。表面经打磨后光洁如初，与原釉陶浑然一体，只是工艺较为复杂，一般需要三补两磨，即填补待干硬后需用砂纸打磨，至少反复三次，才能达到光洁的效果，这是因为在填补二氧化钛时是不可能将其中空气全部挤掉，第一次打磨后表面会因气泡而留下少许细小的凹痕，故需二次填补。第二次填补是为了获得最佳的光洁效果。

用砂纸打磨时，切忌将釉陶上原有的釉质磨损，应根据釉质的强度选用不同型号的砂纸。

二氧化钛（TiO_2）俗称钛白粉或钛白，为白色粉末状，是一种常用颜料，具有很高的遮盖力、着色力及稳定性。除氢氟酸、热硫酸以外，与其他化学试剂不发生反应。耐热性好，没有毒性。二氧化钛有金红石型和锐钛型两种，补配时可以任选。在修复中，二氧化钛除作填料外主要是用于仿色。

瓷器的补配与釉陶的补配相同，在此仅介绍502胶滴注补配法。

502胶滴注补配适用于瓷器的口沿，口沿是易损部位，所以补配后的强度越高越好。502胶滴注补配就是利用502胶的高强粘度达到这一效果。其工艺如下：

需补处的大小剪出一纸片（要用白而挺的白纸），再将纸片固定在短缺断折面的中部，即将短缺横向隔成两部分，用502胶粘接固定。先将任意一面水平向上，在纸片上均匀撒满200目的石英粉后，在上面滴注502胶，待胶趋于硬化时，再撒上石英粉。再滴注502胶，如此反复数次，直至填补完成。此面硬化后，再如法炮制另一面，最后用水砂纸磨光。经这样补配的瓷器既坚固，色泽也接近原瓷质。

第五节　人造石的补配

1. 树脂型人造石补配

树脂型人造石既可用于粘接，又可用于补配。其工艺有两种：明用补配和暗用补配，简称明补和暗补。

（1）明用补配

明补是将人造石使用于文物表面，即补配处可以直观看到，主要用于石质文物的补配，可获得与真石基本一致的效果。但是，由于人造石料在未硬化前的流动性，大大限制了它的使用范围，通常必须选用模补法。下面以修复唐代石雕菩萨造像为例，简述其工艺过程。

晚唐石雕菩萨立像，山西太谷县出土，高112厘米。原件头部、双臂已短缺，因无确切参照物，故未补配。石雕虽无头臂，但其造型优美，线条柔畅，仍不失为石雕中的佳品。

石雕菩萨足下踏着石座，石踏座呈圆形，由沿向下逐渐收拢，至底部直折成石榫，据此可知石像是直立于槽状物体之上的，踏座是石像的固体部位，也是承力部位。此件文物展出时必须借助这一踏座固定。石踏座前沿已短缺，曾用水泥、石膏等补配的部分也已酥脆，故这次改用人造石重修。

短缺处邻近面的特征：石料呈浅绿灰色；内收部分表面打制得粗糙；石座表面均已轻度风化。

具体工艺程序如下：

①清洁断面。将原补配处的填料全部清除掉，再用丙酮清洁。

②石膏打样。按石膏打样模补的工艺实施。

③调配彩料。石雕的颜色呈灰泛绿，人造石料中需加入少量的绿色，制成彩料。掺入彩料时应分次添加，每次添加后均要充分搅拌，待颜料与人造石料完全混合时与原石料颜色比照，根据比照结果，再决定二次掺入颜料的数量。待彩料与石质的颜色一致时，即将彩料灌注于短缺处。

④后期加工。彩料完全硬化后，去掉石膏样板，用凿子适当修整补配处，使之与石雕浑然一体，以求与原石连贯无痕。补配处的上表面，亦用凿子凿出粗糙痕迹。最后作旧。

（2）暗用补配

树脂型人造石的表面效果类似石料，但不同于陶瓷的质感，所以不适用于陶瓷表面。但对于增强补配处强度却有独到功效。因此人造石暗补须在工艺上将补配分为两层，依次补配，即内层用人造石、外层用复合填料灌铸粘接。填补和某些模补（如前文介绍的马尾）都属于同类工艺。此工艺实施后，人造石不能直观见到，故称暗补。

2. 白蜡型人造石补配

以白蜡为主体原料制造出类似石质的物质，称为白蜡型人造石，适于补配石质文物直立面短缺的部位。

白蜡是我国的特产，也称"中国蜡"，因产于四川省，又称"川蜡"。白蜡在天然蜡中居于魁首，白似脂玉、质地坚实，熔点80℃至85℃，辅料为石膏粉、钛白粉、滑石粉和石英粉等。

白蜡型人造石补配工艺较复杂，以下以虚空藏菩萨的补配过程为例简要介绍。

石雕虚空藏菩萨造像于1985年西安市东北部唐安国寺遗址出土，石雕高74厘米，造型优美典雅，神情凝重肃穆，比例均衡和谐，刀法娴熟明快。肌肉、披巾、璎珞和莲瓣等精巧绝伦，巧夺天工。但此石像出土时已从腰部断折，左脸已部分凹缺，鼻尖缺损。当时对断折处用漆片粘接，短缺部位采用石膏补配。1980 年筹备出国展览时，粘接处开胶，再次断折（已用环氧树脂重新粘接）。原补配处系用石膏，又处于面部，故似伤兵挂彩。主持筹展者要求重修，其效果起码要比石膏强。两处短缺都处于石膏像面部，又呈弧形，角度较大，树脂型人造石难以补配，于是采用白蜡型人造石进行修复。其工序步骤如下：

①彻底清除原补配的石膏。

②配制石蜡料，将石蜡放入容器加热熔化，加入石膏，经搅拌制成石蜡料。配制中注意火力不要过大（避免石蜡焦化），只要能将白蜡熔化即可。加入石膏后注意调配颜色。

③用吹风机加热补配处。用刀挑取石蜡料迅速添补短缺处，每次挑取的石蜡料不宜过多，按此法反复操作，一直添补至比邻近面略高少许时为止。这道工序要一气呵成，否则石蜡料会出现细碎裂纹而不牢固。

④将刀置于酒精灯上烘烤至热（不能发红），然后用热刀雕塑出所需补配的形状。该工序为热刀塑形，也必须一次完成。

⑤补配成形后需用水砂纸进行适当打磨。

对于白蜡的耐热性，曾有人提出疑问。笔者认为白蜡的熔点为 80℃至 85℃，属于低温易融化物质，但是文物存放、运输、展出的环境温度，一般不会超越常温。即使是在运输过程中，据可靠数据显示，最高环境温度也不会超过 70℃。所以在一般情况下气温对白蜡型人造石修复无太大影响。这件文物修复于 1980 年，至今陈列在陕西博物馆，未发现任何变化。

3. 石粉型人造石补配

以石粉为主体原料，辅以复合填料而制造出的具有石质感的物质，称为石粉型人造石，适用于各种石质文物的补配。

采用石粉型人造石仿制的石质文物，已兼有仿色工艺。树脂型明补、白蜡型补配和石粉型补配都是补配与仿色结合的工艺，但以补配为主。石粉型配补中还带有作旧性质，即补配、仿色和作旧三道修复工序基本同时完成，其工艺将在下文结合实例介绍（参见第十章第十一例）。

北魏 彩绘骆驼

通高 29.2 厘米 长 22 厘米

1990年秋偃师杏园村染华墓出土。此彩绘陶骆驼作跪起之状，前腿屈卧，后腿站立于长方形底板上。头颈上扬，双峰间有一大型驮囊，载有猪、鱼、丝卷、水壶等物。头、颈、前肢上部驼毛清晰。生动地刻画出骆驼休息正要站起的瞬间动作，是一件不可多得的艺术珍品。

第七章 陶质文物修复中的仿色(釉)工艺

破碎的陶质文物经过补配后，形体复原了，但补配处的颜色（包括釉层）及亮度，与陶质文物固有的颜色及亮度存在差异，所以还应仿照邻近表面的颜色及亮度，或参照同种文物进行修复，用颜色（包括釉色）补好，与陶质文物相邻表面浑然一体。

由于此工序是颜色复原，与绘画艺术有相通之处，特别是彩绘陶的颜色复原，可以说是一种特殊的绘画艺术，但与绘画创作和临摹也有区别。原因是陶质文物的颜色复原，只能以仿照或参照方式做出所需颜色，所以叫"补色"也未尝不可。只是"补色"在色彩学中已有定义（补色在色彩学中是指任一原色与间色并列补充而成相对的色彩），为避免混淆，故暂定名为"仿色"。

陶器表面颜色形成因素较多，一种是陶器的固有色，因制陶材料的成分、烧成温度不同而自然产生的。如用含有氧化铁的黏土制陶，在氧化气氛中烧成，呈红色；在还原气氛中烧成，呈灰色；红和灰是单色陶的基本色调。彩绘陶是在陶器表面绘画着色，表面是一层人工色彩，泥塑也是如此。

另外，在自然环境中的陶器，还会受到各种自然力侵蚀，器原有的色彩就会暗淡甚至消失，尤其是深埋于地下的文物更是如此。文物表面的明暗程度从一定意义上讲，标志着其年代的远近，所以在仿色时决不能忽视光亮度。

第一节　仿色前的准备工作

仿色工艺分两个阶段，一是准备阶段，包括审色、辨色和配色；二是实施阶段，即仿色。审色、辨色是配色的前提，配色是仿色的基础。

1. 审色

陶器表面的色彩是相当丰富的，确认陶质表面颜色是何种色相的过程称为审色。

色相是指颜色的相貌，即颜色的种类和名称。红、橙、黄、绿、青、蓝、紫七种颜色是基本色相，间色是由原色互相调配而成的第二次色。我国古代有"色不过五"之说，是指基本色素（原色、正色）不超过五种，即青、黄、赤、白、黑，按现代讲只有红、黄、蓝三原色，而将白和黑归属于无色系统，与金、银、灰等色通称为极度色。

所谓确认，就是必须将陶器表面的颜色认识清楚，是黄还是绿，是原色还是间色。一般原色很容易认清，间色则不好辨认，尤其同类色就更难确认。俗话说"万紫千红无数灰"，这种说法虽然有些夸张，但事实上同类色确实存在着细微的千差万别。比如灰陶，其主色调当然是灰，但绝不是单一的灰，它在主体灰中又夹杂着或多或少的偏黄、或偏青的同类色。

2. 辨色

辨色是寻找和确认陶器表面各种颜色的纵横关系和分辨颜色明暗程度的过程。若无辨色，仿色时将无法入手。这里所说颜色的"纵"关系，指由表面到胎质之间各种颜色的重叠关系。这种颜色重叠关系在彩绘陶和泥塑上表现得最为明显。大凡彩绘都是以钛白等白色颜料为底色，然后在上面敷其他颜色，再加上胎质色，至少是有三层颜色相重叠。这里所说颜色的"横"关系，是指表面各种颜色之间是呈突变的过渡，还是呈渐变的过渡。

旧时曾将仿色称为"做皮"，意思是仿色最重要的是表面功夫，"货卖一张皮"。笔者认为，应从科学的态度出发，追求"表里一致，货真价实"的效果，通过辨色找出色彩的层次关系，要由里及表逐层仿色，即使内层色彩被外层颜色覆盖，内层亦不能省略，修复真实是文物修复的根本。

以上是审色和辨色的基本概念，下面以秦将军俑为例具体分析。

秦将军俑于1972年于陕西临潼秦始皇陵一号俑坑出土，通高196厘米。秦俑是在单色陶的表面上彩绘而成，属于彩绘俑，只是如今彩绘层绝大部分已剥落，故修复时以单色陶对待。

初步审色，此俑表面上看有酱灰色、土灰色、土黄色、浅土黄色以及很少量的砖灰色等，其中以酱灰色为主，同时还有极少的彩绘层残留。这只是大概的审色。若再深入审色，还可以分辨出其他多种颜色，仅以主色调酱灰而言，又有深酱灰色（表面有些亮度）和浅酱灰色（表面无亮度），在酱灰色的上面还分布着接近于黑色的细而不规则的线纹。

在确认秦将军俑表面的颜色后，要继续分辨出这几种颜色之间的层次关系。根据断面上的颜色，可以知道砖灰色和部分土灰色是陶壁所固有色，而酱灰是由某种客观原因形成的，土黄色是因黄土覆盖在原陶壁或其他颜色上，而又是比较牢固地附着的结果。照此分辨，可以得出颜色的基本层次关系是由表及里：土黄色→酱灰色→陶壁本色。

此件秦将军俑的表面较光洁明亮（仅与其他秦俑比较而言），尤以酱灰色处为明显，其原因与酱灰色的形成有直接关系，至于酱灰色形成的原因，目前还没有可靠的说法。据发掘者说，可能是在绘彩绘之前，先在秦将军俑上涂覆一层漆类的物质，后因化学变化而生成酱灰色。另据业内人推测，可能是受到烟火熏烤的结果。

在审色和辨色时，还要注意釉陶的特殊性。

釉陶的颜色，主要是釉料中呈色剂的颜色，釉彩间一般不存在明显界限（原始瓷器和元代以前的瓷器亦是如此），尤其是三彩陶。三彩陶的釉色相交融，形成了古朴富丽、令人赞叹的特色。如常见黄褐色三彩马，通体为黄褐色，鬃、尾、四蹄为白色，鞍鞯、马饰为绿色或蓝色，或两色兼而有之，这是陶马的基本色调。因低温色釉在炉中釉烧时有一定的流动性，使釉彩相互交融，主体黄褐色中混入了其他色釉，也因此产生了不同的间色，在黄褐色中有的色如重枣，有的色似蛋黄，这些深浅不一的色彩并非单独存在，而是星星点点、熠熠发亮与黄褐色基色互相交融在一起，形成了唐三彩斑驳灿烂的特征。色彩绚丽易于审辨，而斑驳灿烂则需非常仔细，才可审辨清楚。

3. 配色

配色是根据审色时所确认的颜色，选取相应的颜料，经配比、调制、试色，得到所需颜色的过程。为行文方便，本文将颜料液简称"色液"。

（1）颜料

用于仿色的颜料有两类：一类是普通颜料，一类是仿釉色的油漆。这里先介绍普通颜料。

中国画颜料为天然颜料，分为两类：一类来源于动植物，称作有机颜料，如藤黄是由落叶乔木海藤树皮中获取，胭脂红是由胭脂虫炮制而成。植物性颜料细腻透明。

另一类是无机颜料，又称矿物性颜料，选用天然矿石研磨而成，如朱砂红是从汞中提炼的，土红是从天然氧化铁中提炼出来的。矿物性颜料研磨成粉状，但终归要比植物性颜料粗糙，表面反光，但不透明。也有用金属制成的颜料，如金粉，是铜粉的美称，是将铜研细，抛光而成。

另外还有化工颜料，如钛白、酞青等。

仿色选用的颜料要有鲜明的色彩、较高的遮盖力、着色力、分散力，具有对光、热、酸、碱的稳定性，同时还要兼顾颜料的粒度和比重。

鲜明的色彩应从两方面来理解：一是从直观看颜料色泽要纯正，是什么颜色就是什么颜色，一清二楚，不能有杂色感；二是色彩饱满。彩度又称饱和度，即色的纯度。纯度是指某一颜料中的基本色素含量的程度，基本色素越多则彩度越饱和，反之相反。如黄色中的正黄色纯度最高，所以彩度就高于米黄、中黄、驼黄等同类色。

我国早在五六千年前就已采用颜料绘制图案了，画彩陶的颜料可能是用赭石、瓷土和含富铁的红土为着色剂，经焙烧后呈现出赭红色、白色和黑色的。

赭石等属于天然矿物颜料，如牛河梁女神头像的颜色，虽无报告分析其成分，估计亦是矿物颜料。后来的彩绘陶和国画的颜料亦取于天然。这些天然无机颜料的通性是易于分散、便于使用，耐光耐气候性能较好，浮色、变色和渗色现象较轻，比重较大，具有一定的耐热性，故能长期保持色彩的鲜艳，不易褪色。所以，仿色选用的颜料，应以天然无机颜料为主，如土红、石青、石绿、钛白、赭石、炭黑等。

按色彩学原理，世上万千种颜色都源于红、黄、蓝三原色，三原色可配制出无数间色和复色，构成五彩缤纷的色彩。但事实上有很多颜色是用三原色调不出来的，只能由特定的原料制的，如土红、朱砂、胭脂红、砖红色往往要自行研制，一般是选取废弃的红色陶块，经捣碎研细，过100目至200目的细筛而成。

在备料时还应注意到青色有不同的特殊含义：在色彩学中，蓝色就是青色，如唐三彩上的蓝色和瓷器的青花是同一色相，但青色又未必是蓝色，如瓷器上豆青色、粉青色的"青"是灰绿泛蓝的间色。又如衣料中的青布即是黑布，与蓝色没有关系。所以仿色颜料应以天然无机原料为主，兼备合成无机颜料和天然有机颜料，即国画颜料和广告颜料。红、黄、蓝、白、黑诸原色颜料是必备的，间色颜料应根据工作需要，当备则备。仿色不宜用油画颜料。

（2）配色

配色比较麻烦，如能找到一种与所需仿色相同的颜料，直接使用，就太好了，但这种情况极少有，大部分需要配制。

老一辈的修复师配制颜料完全凭经验，这与画家作画时配制颜料的方式是相同的。我们修复陶质文物，配色也采用这种方法。下面介绍配色要点：

①制作试色板。试色板最好是用补配处所剩余的填料制成，这样调色板与补配处质地完全一致，可准确观察试色效果。试色板不受规格、形状的限制，只要能试色即可。试色板对经验不足者来讲相当重要，而老一辈修复师是不用试色板的。

从理论上讲，色彩是物体在光线照射下因有不同程度地吸收和反射而产生的视觉感受，而且同一物体在不同光源的照射下也会产生不同的视觉色彩。所以，配色应在阳光充沛时进行，尽量避免在灯光下配色，俗话说"灯下不观色"是有一定道理的。

②注意原色。在选择颜料时应注意到所谓原色是相对的，没有绝对纯的正色。以黑色为例，最标准的黑色颜料是炭黑，而炭黑由于生产原料及生产方法不同，成品就有槽黑（硬质）、半补强炉黑（软质）、着色用槽黑（处理）和石墨之分。正因如此，呈色就有显著区别，软质炉黑在泛蓝色相，硬质槽黑是泛黄、红色相。再如白色，是以钛白为标准色，而实质上钛白有泛黄、蓝、灰的区别。黑、白两色尚且如此，就何况其他颜色了。所以配色时要注意这些问题，才能配准颜色。

③配色用胶。配色要选用107胶为胶质物，用量视需要而定，但比例不宜过大。如果用量过大，颜料干燥后易产生硬翘现象。

④调整浓度。配色时先在主颜料或浅色颜料中加入107胶或少量清水。用工具搅拌均匀，使颜料充分被胶水湿润，然后再加入辅色颜料或深色颜料，再次搅拌均匀。若能一次添加就能调配出所需的颜色为最好，否则便要按"由浅入深"的办法分步调配。分步调配是将深色颜料分为数份，分别掺入浅色颜料中。

⑤一次配足。色液的配制量应充足，要能完成需仿色的需要量。因为再次调配，根本配不出与第一次所配相同的颜料。

⑥试色。配好颜料色液，要据使用需要，加入适量清水调整色液的浓度。用毛笔蘸取色液涂在试色板上，待色液完全干燥后，与标准色进行对比。若颜色效果相同，配色即告完成。

注意同种色液，干燥的呈色会变浅，不如湿润时鲜艳，故必须以干燥的呈色为准。为缩短等候时间，可用吹风机预热试色板，或试色后用吹风机吹干。

如认为配好色液的呈色不合标准色，要调整配比，再调配，再试色，直至相合为止。

⑦余色原理。如果将三份相同的红、黄、蓝颜料搅拌均匀，会产生一种混浊的黑灰色，三原色则完全消失了，此种现象叫"消色"。这种颜色相掺合而互消的特性，被称为"余色原理"。红、黄、蓝为三原色，橙、绿、紫是三间色，中间的黑灰色是余色。红与绿、黄与绿、蓝与橙之间互为余色。掌握并利用余色关系，可获得理想的配色效果。

如铁红色，以红色相为主，兼有黄、黑两个色相，按仿色要求，铁红色中无需太多黄色相，这就可用紫色压住一部分黄色。再如当需要一种呈红色相的蓝色，但因红色偏多不符合要求时，则可掺入绿色，取代一部分红色相。利用余色原理调整颜色，互为余色的颜料用量应当是微量的，若用量过大将影响色彩的饱和度，而使彩度下降色光变暗。

余色可以调配色彩，但无需余色混入时，则色泽发暗，色调不准。遇有此种情况，必经重新配制，并检查所用的颜料是否有互混现象。

第二节　敷色

将调好颜料覆盖在文物补配部位的过程，叫"上色"或"敷色"。这道工序是对陶质文物进行色彩复原。前面已讲过，仿色的最佳效果是与原物"浑然一体"，即仿色处的色彩与相邻表面的色彩没有区别，大有以假乱真之势。当然，这瞒不过文物鉴赏家的眼睛，因修复技术再高，仿色技巧再高，也终有破绽。

敷色是指上色的方法，一般又归为画工的范畴，特别是彩绘作品中有"三分塑，七分画"的说法，可见画工的重要性。

在修复彩绘陶质文物时，画工的工作量虽不能占到七分，但这是复原陶质文物色彩的关键工序。为使仿色达到"浑然一体"效果，应切实做好以下几点：

①要由里及表逐层仿色，原因前已述。如修复秦将军俑的敷色顺序是：陶壁本色、酱灰色至土黄色。

②要从新复旧，任何陶质的文物在制作之初都是新的，所见到的陈旧表象是后来形成的。为追求文物的真实感，故要先按当初之新去仿色，而后再求陈旧。

③切实注意仿色处边线与邻近面边线的有机连接。连接处不能出现连接痕迹，务使其成为一体。此两线的连接处理，一般需采取仿色处的色泽略覆盖临近面的色泽，以求连续。覆盖面积越少越好，需尽量压减到最低限度。

④熟练掌握仿色技法，必须灵活运用。

第三节　敷色十三法

修复陶质文物的敷色技法来源于绘画技法，但也有一些是修复陶质文物特有的技法，大体上有十三种，故称"敷色十三法"，也叫"仿色十三法"。

1. 敷法

敷法是着色的基本方法，多用于大面积着色，如彩绘陶打底色即用此法。选用较大的羊毫笔，笔毛柔软，要有弹性和笔锋。

用毛笔蘸取彩色液，以中锋或侧锋于需仿色处逐笔涂敷。落笔要稳重，行笔、收笔要轻快。要一笔紧靠一笔的将色敷匀，不可多笔、少笔或一笔轻一笔重。敷色完毕，毛笔要及时彻底清洗干净，以备再用。

2. 勾法

勾是绘画术语，即用毛笔勾勒出所需仿色处的纹饰轮廓，主要用于彩绘陶、彩陶、泥塑以及有纹饰的瓷器。毛笔一般选用狼毫或兼毫毛笔。

勾画是复原纹饰的基本方法。陶器上的纹饰是绘制者依据具体需要绘制而成的。其风格有的粗犷豪放，有的纤细温柔，在运笔上要求有的疾笔如飞，有的精心点化。所以，修复者对其画风、笔法要有所领悟，在仿色时刻意追求，才能在需仿色处再现（至少是形似）古人的神髓。所以修复者必须具有一定的绘画功底，而且在仿色前应先行试画，而后才能实施。

试画是按需仿色处邻近面（或确凿参照面）上的纹饰先在纸上临摹，再将短缺的纹饰仿接连续，使画面完整。当确认无疑后，再在纸上参照原器纹饰和临摹完整的画面反复练习，最好达到得心应手的程度。最重要的一点是，进行仿色时应先起草线，再着色。

3. 擎法

用秃头毛笔、小棉团、棉丝团及泡沫塑料块等为工具，蘸取色液，往需仿色处擎拍，称为擎法。其效果是不规则的点状（须用较饱色），或线纹状（须用枯色）的画面。选取不同的擎拍工具和手法，可获得无数种不规则的仿色效果。多用于单色陶的仿色，以及增光。

擎法一般不直接蘸取色料，而是用一支羊毫笔或棉团，根据需要蘸取色液，再用秃笔或棉团在其上蘸色，蘸色后再往需仿色处擎拍。擎拍时以腕力垂直运动，蘸色工具触到需仿色处即刻提起，擎拍之力可轻可重，但不能停留，更不得平涂。秦将军俑酱灰色上的线纹，即用棉丝团蘸取枯色色料，轻擎而成。擎法类似碑刻拓片中的拓墨。

4. 戳法

即是戳点。以笔尖着色，可得到不同形状的色点。各类陶器都能用到。有时需连续不断的戳点，可获得不规则的点状线纹。

5. 吹法

用毛笔蘸较稀薄的色料，用嘴猛吹笔锋，凭吹力使色料飞溅成大小不等的色点，落在所需仿色处。毛笔距需仿色处 5 厘米左右，利用吹力大小和距毛笔远近，可获得不同色点效果。吹法亦适用于作旧。

6. 拨法

用牙刷蘸取稀薄的色液，再用一尖细的木棍或小刀尖，从牙刷的前部往后拨动，利用刷毛的反弹力，将色液弹出，呈雾状细点，飞落于所需仿色处，可获得不甚规则的雾蒙蒙的叠擦效果。

牙刷与器物要垂直，间距一般在 10 厘米左右。此法常用于单色陶，作旧也常用。

7. 扑法

敷色后趁颜色未干时，将粉状颜料扑覆其上，待颜色全干后再用毛刷轻刷表面，会一部分颜料滞留，是扫不掉的，从而产生污暗的效果，显示出文物的年代。

粉状颜料应选用敷色时所用的颜料，适当掺入不具遮盖力和着色力的白色和无色颜料（如滑石粉、石英粉、白炭黑等）或黄土粉、水泥粉研制的砖面粉。应根据仿色需要调配比例，掺入一种或多种。此法可用于各种陶器的仿色，但同时也兼作旧了。

扑法是达到"浑然一体"的关键技法之一。修复者若不能精通此法，文物修复的效果绝不会达到上乘。扑法做起来很简单，但若要获得预期的效果却非常不易。因为扑法成功的关键在于何时扑撒色粉，要把握好扑粉的时机。

把握好扑粉的时机，要达到两个目的：一是色粉只能滞留在文物表面一部分；二是它所呈现的效果与邻近面的明暗程度要一致。色粉若扑早了，粘在色上的粉过多，其效果必显得累赘。若扑晚了，色上粘粉较少，甚至粘不住色粉。这个时机如何把握，是用文字无法表述的。只有亲自实践多次，在经验积累的基础上凭直觉捕捉。所以，扑法技巧绝非一朝一夕之功，而必须长期在实践中去探索、体会。

8. 擦法

待颜色全干后，用硬笔刷或棉丝（有时也选用180#以上的细砂纸），蘸干细的黄土粉，在着色处用力擦拭，可使着色处蒙上一层隐约的黄色而显得陈旧，同时还可以留下一些不规则的细微的擦痕。此法适用于单色陶、彩绘陶和泥塑。

9. 贴法

俗称贴金。即用粘合剂粘贴金箔或锡箔。只有彩绘陶和泥塑偶用此法。

10. 混法

以乙种颜料涂覆在甲种颜料之上，用硬毫毛笔将其适当混合。其效果应是在乙种颜料中夹杂着不规则的甲种颜色。此法多用于釉陶，有时亦用于单色陶。

11. 罩法

仅用于釉陶的仿釉。选用较大的羊毫笔蘸饱釉料，于仿釉处平敷，以获得釉层效果（详见本章第四节）。

12. 渲法

按渲法的原意是以水笔将色晕开，不露笔痕。仿色中主要用于釉陶和少数的彩绘陶。用毛笔蘸稀料，沿色漆或清漆的边缘涂覆，使其处于半融化的状态，然后将溶液向四周晕开。这样，干硬后的漆层边缘不留明显的痕迹。尤其是罩清漆后，此法必不可少。一般选用羊毫笔。

13. 亮法

其目的是增加仿色处的亮度，应根据选用的原料而定技法。如选用虫胶清漆、硝基清漆，应用敷法或罩法。如选用川蜡，则先将川蜡涂擦在丝绒布上，然后用丝绒布着力擦拭需增加亮度处。

从以上"敷色十三法"的介绍中可知，文物修复中画工与绘画艺术在技法上是相通的，但又有许多不同。"敷色十三法"用于画不规则的图形和陈旧的效果，这是因仿陶的质地和色泽所决定的。如将军俑的土黄色，要用扑法，画黑色线纹，要用擎法，否则就很难获得与文物本身的色泽"浑然一体"的效果。同时也知混法和渲法主要用于仿釉陶。

第四节　釉陶的仿色（釉）

釉陶的仿色，其实是仿制釉层。釉陶的表面施有一层低温釉，烧成后，陶器的表面有一层玻璃质的釉层，釉层上下（或釉内）有多种色彩。瓷器使用的是高温釉，有的是一次烧成，如青花瓷、釉里红，有的是二次烧成，如粉彩；还有釉上彩和釉下彩之分。

1. 仿釉材料

从修复历史来看，用于仿釉层的材料有大漆、醇酸漆、硝基漆以及丙烯酸漆等。这些漆料各有优劣，但以硝基漆的效果最好，使用最方便，本文以硝基漆为例，进行介绍。

硝基清漆又称清喷漆、蜡克漆，是人工合成漆，由成膜物质和溶剂（挥发剂）、增韧剂组成。硝酸纤维素和树脂（如松香甘油酯、氨基树脂等）是主要成膜材料。增韧剂（如磷苯二甲酸二丁酯、蓖麻油等）可使漆膜具有良好的弹性，同时又是次要成膜物质。溶剂是硝基稀料。硝基漆干燥迅速，极少产生流挂，适于立面使用。成膜后富有光泽、明亮、无色，具有玻璃质釉感的效果。

色喷漆是在硝基清漆中加入颜料而成，使漆膜呈现所需的颜色，可遮盖被涂覆的表层。色喷漆有一定的机械强度、附着力和防腐性能，可增强耐性和保护性。

硝基漆不溶于乙醇、乙醚、丙酮等溶剂，完全溶于硝基稀料。

由于硝基稀料是溶解性能很强的溶剂，故使用时不可施于其他种类的油漆层上，但可涂在虫胶清漆层上。因此，一般以虫胶漆为底漆。

硝基漆用于仿釉，亦可用于加固、罩光，偶尔也用作粘接剂。

市面销售的硝基漆有很多型号，适用于仿色（釉）的型号参见下表。

表六：

仿色（釉）用硝基漆一览表

型号	名称	性能和用途
Q01-1	硝基清漆	具有良好光泽和耐久性，玻璃质感强。用于仿釉和罩光。
Q04-2	各色硝基外用色漆	干固得快，外观平整光亮，耐候性强，干固后可打磨抛光。用于仿釉的色料。
Q04-3	各色硝基外用色漆	市售多为此种型号。耐候性较差，亦不可打磨。
Q01-21	硝基清漆	用于调配金粉。修复中金粉用量不大时，则可用502胶调配。
Q04-17	各色硝基醇酸磁漆	干燥较慢，可与Q04-2混合使用。
	亚光硝基清漆	呈近似乳白色，漆膜光泽发暗。可与Q01-1混冶使用，可得到不同亮度的仿釉效果。

硝基漆稀释剂，商品名硝基稀料，俗称香蕉水，用于稀释硝基漆，降低其粘度，便于使用。化工商店销售的硝基稀料型号有 X-1、X-2 和 X-20 等。X-1 的溶解力高于 X-2，而低于 X-20。X-20 的挥发速度比 X-1 慢，防白性好。

2. 仿釉色工艺

釉陶仿色，其实是用涂色漆的方法仿制出釉陶的颜色和质感，呈现出釉层的装饰效果。一般首选硝基色漆和硝基清漆。

①清洁需仿色处（即补配处），油、蜡之类的污物必须彻底清除干净。

②配置漆料。稀料用量为硝基漆的 1 倍至 1.5 倍，应根据需要在此比例内调节。配制好的色漆，必须经过试色试验后才能使用。漆料的配置量要够一次使用。漆料需要现配置，及时使用。若仿色时需要两种以上的漆料，并使用混法时，应将各种颜色漆料都配置好，待用的漆料要暂时封存保护。

③按审色辨色结果，选取"仿色十三法"中某种适宜的技法仿色。用漆仿色的技法要纯熟、迅速，使用工具（毛笔等）不得在需仿色处停留，严禁摩挲不前。

由于陶釉的色彩多变，需多次仿色才能达到预期效果。而硝基漆的特性决定了每次仿色之间，至少要间隔 20 分钟至 30 分钟。所以要耐心等待，若急于求成，则极易产生混色或翻底的弊病。出现弊病，必须返工。

虫胶清漆呈黄棕色，可仿出唐三彩中棕黄色釉的效果。使用时，可能出现边缘浅、厚处发硬的现象而影响仿色效果。可于虫胶清漆近于固化时，用乙醇浸润溶解其边缘。虫胶与乙醇的比例为 1：5 或 1：10。

④釉料以硝基清漆和硝基稀料调配而成。稀料用量依需而定，一般可在 1：0.5 或 1：1 的范围内调节。仿釉须在色漆完全干固成膜后（至少 24 小时）才能实施。仿釉要选用较大的软毛笔，蘸饱釉料以敷法涂覆。涂覆后再用一支毛笔蘸取稀料，以渲法消除边痕。仿釉层厚度要以邻近面原釉层厚度而定。

⑤根据原釉面的亮度，或抛光、或消光。

3. 仿色（釉）实施前后易出现的问题

（1）析出

在调配漆料时，清漆有时先出现浑浊，后析出胶质物；色漆析出的胶质物会与颜料结合板块。产生析出后，不论如何搅拌，都无法把它调匀，恢复常态，甚至出现粗粒。

原因是硝基中的硝化纤维在溶解中有一定的稀释率，若超过限度即析出。可改用强溶剂（X-20）使之融化，或在 X-1 中略加二甲基亚砜（万能溶剂，但挥发性慢），以提高溶解力。

（2）流挂

又称流坠、流挂。在垂直面使用漆料时，因一次用量多、漆层厚而产生漆料下垂的现象。其原因或是需仿色处温度略高，或是稀料挥发较慢，稀料过多。所以工作环境应该在 30℃以下，最佳环境温度为 20℃至 25℃。将一次使用改为多次，减少稀料用量，或在稀料中略加一些丙酮，提高挥发速度。

（3）翻底

涂覆第二层漆料时，第一层漆料隆起，称为翻底。其原因一是补配处表面不洁，有油渍、蜡质等。二是实施方法不正确。凡已产生翻底处，必须将漆料全部用稀料清除掉，再清洁，再仿色（釉）。

（4）泛白及起霜

在实施过程中，漆膜呈现混浊或半乳色，或在清漆膜上全部或部分出现一些蓝白色而失光，主要是因为在潮湿环境中实施所造成的。尤其夏天湿度大，漆料在使用、干燥过程中（干燥过程由实施时即开始），水分进入漆料而产生的现象。所以，工作环境的相对湿度不能超过 80%。也可加入适量的硝基漆防潮剂（型号 F-1）。泛白现象有时在干燥过程中又会自动消失，但此时漆膜质量已经下降了。

用硝基漆仿色（釉）的效果，一般是成功的。但因硝基清漆略带黄色，加之色漆中的浅色颜料耐光性较差，尤其是白色颜料更易受光褪色。所以凡仿白釉处的初期效果还可以，但长久效果则略差。一般三至五年仿色（釉）处的色泽变得昏暗，并带有黄色。

基漆的实施工艺比较难掌握，加之釉陶（尤其是唐三彩）的釉色、釉质变化多端，并且带有年代的锈斑，只有勤于钻研、实践，才能在文物修复这块领域中运筹帷幄，纵横驰骋。

秦代 将军陶俑

高 196cm

陕西省秦始皇兵马俑博物馆藏

1978 年陕西省临潼县秦始皇陵一号俑坑出土。此俑是此坑陶俑中少数头戴冠，发式为后拢扁髻，贴于脑后。此将军俑身躯高大，内穿双重长襦，外披精致的鱼鳞铠甲，衣角上有"官藏"二字。下身着长裤，裤腿口紧束足腕，足踏方口翘尖履。双臂自然下垂，左手半握，拳心向前，拇指翘起，作捉剑状。方脸丰颐，宽额大口厚唇，络腮长须，眼神镇定，深沉老练风度。

第八章 陶质文物修复中的作旧工艺

第一节 何谓作旧

参照原文物所固有的锈斑，在仿色（釉）的基础上，选用适当的原料和工艺，仿造出同样效果的锈，称之为作旧。

作旧是要达到"整旧如旧"效果的特殊工艺。通过作旧，使作旧部分与原文物的整体风貌浑然一致，具有久远的年代感。

作旧是完成这一特殊表象的工艺，是文物修复的突出特色。

过去，对作旧有误解，认为作旧不过是抹点泥的小事。基于此种误解，有些"修复者"还真将作旧当成抹泥，甚至将泥抹在未补配处掩盖缺陷。还有一些文物复制品，为了使产品带有古味，便将产品往泥缸里一涮，就算是泥锈了。这样的"泥锈"，干硬后不是粉化，就是一碰便脱落；更重要的是它不仅带不来陈年古旧感，反而给人一种脏污之感。

那么，如何才能使作旧处呈现旧貌，"整旧如旧"呢？起码要明确以下几点：

①要明确作旧的意义与目的。

②要明确大凡作旧，一定要做出深沉、坚实、古朴感，切忌漂浮、草率。所以我们要对各种锈的成因、部位、形状、薄厚、色泽有充分了解，尤其应严格辨析锈的形状、薄厚和色泽，应按审色和辨色的要求审之、辨之。审辨时要特别留意锈的不规则性。某种锈色基调一般只有一种色相，但有多种同类色杂散于其中。锈层有薄有厚，即使是同一块锈，也有薄厚之分。自然生成的锈斑，其形状呈现千姿百态，无所不有，有不规则的斑块形，也有不同形的散片状，绝非千篇一律。所以，作旧工艺不可能一蹴而就，一种锈斑往往要仿做多次行，才具有真实感。

③要明确作旧技法与仿色十三法相同。值得提出的是，凡需要用笔时，要精心运笔，笔法与绘画一样，绝不可随意涂抹。其效果如与原文物的画风不一致，必定会

损害文物的美感。作旧只能用毛笔，不能用排笔，更不能用泥水浸泡。

④要明确作旧，主要用黏土粉、滑石粉、水泥和适当的矿物质颜料。胶质物主要是硝基清漆、虫胶、107 胶等粘合剂。

釉陶的基本颜色是泛白色或土黄色，而基本色调中又有许多差别，如土黄色中就有偏黄、偏红或偏白、偏灰之分。在配置仿釉料时，需要加入一些颜料，方可与所仿釉色一致。总之，作旧处的外观，不仅要与原文物固有锈协调一致，还要胶结牢固，不粉化。

黏土粉即黄土面。黏土是土状矿物，通常成淡黄色、灰色或者褐色，化学成份不固定，其中常含有微量的各种盐碱化合物，会对陶器产生损害。所以用于作旧的黏土，最好先用清水稀释，淘净杂质，随水篦出可溶于水的盐碱类物质，待泥浆干涸后，碾细备用。如能选用文物出土处的土壤，其真实性强，年代感愈强。

⑤要明确污锈、水锈和泥锈共存于一器，应按污锈→水锈→泥锈的顺序，逐步实施。

第二节 锈的分类

一件文物除本身的造型、纹饰所呈现的古香古色之外，还因它有锈，才显出古老的沧桑美感。由于有锈的存在，为陶器的断代提供了可靠的参考依据，所以陶器上的锈也是难得的，是一件文物不可分割的组成部分。

锈是因为文物受到自然力年深日久的侵蚀产生的。按"锈"的原意，是指金属表面因氧化作用而生成金属氧化物，常见的有铜锈、铁锈等。但旧时的古玩店和现代文博界把锈的意义扩大了，也就是把凡不属于原文物所固有的，包括与原文物材质发生化学反应所产生的物质都称为锈，故陶质文物上还有污锈、水锈和泥锈等。

1. 污锈

污锈在陶器上很普遍，尽管锈的多少不同，但给陶器表面罩上一层雾蒙蒙的灰白色或黄灰色半透明物质，使陶器表面原有的光泽减弱，甚至消失，并使文物固有的色彩显得发污陈旧。产生污锈的原因，大体上讲是陶器被压埋在潮湿的地下，受到盐碱的腐蚀或其他原因所致。

釉陶、瓷器复制品上的污锈，多采用化学腐蚀法制成。常用氢氟酸腐蚀法（有毒性）、盐酸腐蚀法（效果久佳）、高锰酸钾腐蚀法（工艺较复杂），此外还有土埋（需配用酸）等。

做污锈的技法，与仿锈中的扑法、擦法等相同。不过仿色要做得轻淡一些，而作旧时则要浓重些。如果在仿色时已达到污旧的效果，则无需再做污锈。若污锈处要求浓重，可以选用以下两种技法：

（1）硝基清漆扑法

以稀释的硝基清漆（硝基清漆 1 份，加硝基稀料 5 份至 10 份）为胶质物。用羊毫笔蘸取硝基清漆液，在需要做污锈处薄薄地涂覆一层。待硝基清漆将要干燥时，将滑石粉等锈料均匀地撒在上面。硝基清漆完全干燥后，扫清余粉，擦拭干净。根据需要，硝基清漆也可改用虫胶清漆。

（2）虫胶泥浆拨法

以稀虫胶清漆为胶质物，调好虫胶泥浆。用牙刷蘸取虫胶泥浆，用拨法弹拨出仿锈斑。虫胶泥浆用虫胶清漆（虫胶 1 份，乙醇 50 份以上），掺入少量黏土粉（越细越好）制成。使用时要经常搅拌。釉陶和瓷器不宜使用。

虫胶清漆未干前若遇水，干涸后就会失去光泽，变成暗棕色了。

2. 水锈

铅绿釉的抗腐蚀性低于其他色釉。铅绿釉处于潮湿的环境中，受水中可溶性盐碱的侵蚀，会产生沉淀物。这些沉淀物泛白色，或灰棕色，类似水痕形状，故名水锈。

还有少数白色水锈泛出银白色的金属光泽，又名"银釉"。

铅绿釉的抗腐蚀性较差。如唐三彩复制品用化学腐蚀方法制作污锈时，其中绿色釉较其他色釉容易获得效果，"锈"感逼真。有时还能获得水锈效果，而其他色釉则不会。水锈的做法有如下两种，分别进行介绍。

（1）硝基清漆滴流法

配好硝基清漆液（硝基清漆 1 份，硝基稀料 10 份），用羊毫笔蘸硝基清漆液，在需要做水锈处的最高点，点上一滴或数滴，让硝基清漆液自然顺器壁流下，然后即时在上面撒满滑石粉，再适当撒少许黏土粉；待完全干燥后清扫余粉，擦拭干净。若文物原水锈中有"银锈"存在，可于粉料中掺入适当的细碎云母粉。

（2）502胶滴流法

用502胶滴流，在胶液未干之前，向其上喷洒清水。胶液遇水后泛白色。

3. 泥锈

泥锈又名土锈。陶器出土后，一般要将淤聚在其上的泥土清除掉。但有些泥土已经板结，比较牢固或很牢固地依附在陶器表面，尤其是淤聚在凹陷处或阴纹中的泥土已和陶体粘成一体。这些坚硬的泥土，很难用机械方法全部清除。若强行清除，很可能会使陶器受到损坏；若改用盐酸，则会对陶质产生损害。再者，从人们鉴赏文物和审美意识来看，泥锈的存在，反而会使陶器文物显出古远年代的苍桑感。

鉴于上述原因，这些不易清除、残留板结在陶器文物上的泥土，就不必清除，要保留下来，成为文物的一个组成部分。

真泥锈是因水使土壤中游离的铁、钙（碳酸钙）或胶质物（如腐殖质、黏土矿物等）与细微的土粒逐渐胶结沉淀在陶器表面，形成坚实的石灰质结核。石灰质结核的生长速度很缓慢，年代越久远，泥锈越厚重。

制作仿旧泥锈一般使用扑法和擎法（擎拍工具因需而取）。泥锈必须做得坚实、板结。所以，粘液中的胶质物比例要大。如用硝基清漆，硝基清漆与稀料以1：5为宜，所做泥锈的颜色略偏白。若用虫胶漆，虫胶与乙醇之比在1：5至1：10之间选择，所做泥锈的颜色略偏红。

泥料以黏土粉为主，可掺入适量水泥或滑石粉调剂颜色。凡泥锈厚重处，在干硬后再用502胶滴住，不仅使泥锈更加牢固，还增强了文物的凝重、沉着感。

作旧的技法虽未超出仿色十三法的范围，但往往需要将几种技法交叉使用，即便使用一种技法也往往需要数次才能完成。所以，作旧不能图省事，怕麻烦，要根据锈的具体情况，灵活地运用各种技法。作旧是修复陶质文物达到"整旧如旧"的最后一个工序，是效果成败的关键，绝不可掉以轻心。

4. 附：辨伪

保存至今的文物瑰宝，与中华民族几千年来的创造相比，仅仅是沧海一粟。许多陶质文物本应公开展出，因是精品、孤品，或因文物自身残损等原因，已不适合陈列展出，只好以复制品替代。本书提及的黑釉三彩马、嘶鸣骆驼等复制品即属此类。

文物复制品是根据文物原件，经原料配置、造型、制模、翻制、施釉、烧成等工序重新制作的新品。新品再经过作旧处理，被打上"历史"的痕迹，整新如旧。其中造型和作旧是复制文物的关键。一般来讲，文物复制品的标准是：形象逼真，神态一致，尺寸准确，色泽相近，新中带旧，旧中带新。

近年来，为了弘扬祖国传统文化，在国家文物局允许的范围内，适度制作了一些文物复制品，供博物馆陈设，或让爱好者陈列于室，或进入国际市场，让世界了解我们。但某些贪利者却利用其成果，大搞投机生意，以赝品冒充真品，骗取暴力。所以，我们有必要将辨伪常识，略作介绍。

辨伪是文物鉴定的目的之一（另一目的是断代，即断定制造年代）。笔者恩师耿宝昌老先生在《明清瓷器鉴定》一书中提出用社会、窑口、造型、胎体、纹饰、色彩、釉面、器足、款识、重量以及作伪等全方位综合的鉴定方法，不仅是瓷器鉴定的科学方法，也是陶器鉴定的基础。

赝品多数是选取优质文物进行复制，再作旧而成，也有少数为作伪者臆造。无论制作赝品的技术多么高超，但在文物的神韵和作旧两个方面必露马脚。

对于优质复制品（伪作高手之作），人们常以"仿古暗合，与其无二"、"与古无异，以假乱真"来形容，但这只是一种言过其实的赞誉。因为文物复制品（包括古玩修复品）都不可能与文物原件"无二"和"无异"，最多只能"暗合"与"乱真"。老古玩行有一句名言："有真的就有假的，假的真不了。"每一件文物制造之初，无不注入了制造者独到的匠心与审美意识，材质、生产方式和工艺技巧无不具有时代的特征。以上种种之和可称为"神韵"。现代人可以凭借现代高超的生产技术工艺将文物复制出来，但"神韵"则难以惟妙惟肖。所以绝大多数文物复制品都是"形似而神不似"，若能达到"要有味道"也不容易。因此辨识赝品的首要一条是观其形、明其质而度其神、知其髓。若神髓有异，必是赝品。

不论是出土文物还是传世品，因自然力的侵蚀和岁月的沧桑，都不同程度地产生一些变化，表面有污锈、水锈、泥锈。文物复制品为追求古香古色、陈旧古朴的效果，则需作旧。作旧无论采用何种先进的方法，都不是自然形成的。人工制作与自然形成必定存在差异。常见的赝品作旧方法除本书所介绍之外，还有如下几种（见赵汝珍著《古玩指南》）：

①用龙须菜熬成极稀薄的水，然后在复制品上薄薄地刷一层，再将由古墓中运来的黄土面撒在上面，反复数次。

②将做好的瓦器用炭烤热，用古墓运来的土掺上白矾趁热涂遍，再热再涂。

③先将烧好的瓦器泡湿，然后用水泥浆涂遍，再将黄胶泥撒在上面，用布稍压。置于窑中逾旬取出，再用黄泥浆泡，这就与自然生成的土锈极为相似了。

④还有用茶水煮、土埋等等。

以上种种作旧的方法，尽管可以取得一定"锈"的效果，甚至是"极相似"，但最终难以产生"坚而实，沉而不浮"之感。即使用 502 胶加强作旧处，其坚实不浮的程度亦不及原物。用手指刮之，手感尤甚。若用碱水、稀料涂擦，伪锈就会掉下来。还可用舌头舔之，其味异常。

仿三彩制品应将釉面的"火气"适当清除，称为"杀光"，也是一种作旧。杀光的原理是酸腐蚀，如用氢氟酸、盐酸、高锰酸钾等。凡经酸类物质腐蚀后的复制品，在较长时间内酸类物质的气味不会消除，可嗅到酸的气味。釉面光泽虽显陈旧，但不自然。逆光仰视，仍会显露出"贼光"。

仿釉选用的硝基漆、丙烯酸漆等，虽具有较强的玻璃质感，但因其是有机物质，故强度、质感与真釉终差一等。一般手感较真釉发软发涩，表温与真釉略显差异。另据漆料的特性，硝基漆用丙酮、稀料等溶剂擦拭，漆层即溶。丙烯酸用 120 摄氏度以上温度烘烤，可暴皮或焦化。下面试举辨伪一例，以供参考。某件唐三彩女俑，体态丰满，面若银星。双髻，圆脸，左手已短缺。身着绿釉长裙，釉面开片，并有斑斑驳驳的剥落。光泽较暗，泥锈较坚实，酷似新出土的唐代制品。但经仔细观察，斑驳处釉层断面显露贼光。釉面光泽虽暗，但显死板，侧视光不自然。泥锈虽然坚实，但显污脏，用手刮之显得发糠。由此断定，这件三彩女俑是现代所做的赝品。

第九章 文物包装

第一节 文物包装的特殊性

文物能否安全移动，其关键在于有一个合理的包装。

文物包装的特殊性表现在如下四个方面：

第一，文物是不能进行再生产的古代制品，若遭到损坏，将无法弥补，这种损失是不能用金钱来衡量。文物价值是特殊的价值，是任何现代产品都无法企及的。所以文物包装，以保证文物的安全为第一，必须做到万无一失。

第二，文物种类繁多，形态殊异，绝少雷同；又因文物年代久远，受各种自然力的侵蚀，使文物的质地有不同程度的酥脆糟朽，不必说丝织、毛皮、骨、竹、木、纸、漆等有机质文物的强度变得很差，就是金、银、铜、铁、锡、陶瓷、砖瓦、石等无机质文物的强度，也远逊于相同材质的现代制品。所以文物包装的设计、选材和制作，要充分考虑缓冲、减震性能的前提下，还要根据不同的文物质地和抗外力强弱等方面的具体情况，依据个体文物形状，量体裁衣。

第三，致使文物受损坏的原因是多方面的，诸如缓冲材料、包装技术、固定方法、装卸手段、运输工具、道路情况、冲击震动等，但文物修复状况和文物本身所能承受的最大外力是首要关键因素。无论是设计，还是实施、预防，都要围绕这个根本因素来进行。由于文物包装不允许做试验，只能参考某些易碎商品的包装案例，更要凭借包装者对文物的了解和经验。

第四，文物是博物馆藏品，一般很少搬动，搬动也是在短距离内进行。从 20 世纪 70 年代开始，我国举办的出国文物展览（即短期流动性展览）逐年增多，因此对文物包装者提出了苛刻的新课题。其一，文物在漂洋过海的长途运输中要多次换乘汽车、火车、飞机或轮船，包装既要保证文物的绝对安全，又要兼顾搬运和运输的方便。其二，文物是国宝，价值连城，从内包装到外包装都要体现出它的殊荣，但又不能没有成本核算。其三，举办一次展览，文物少则百十件，多则二三百件。由于很多文物没有包装的先例，尤其是与真人真马一般大小的秦兵俑如何包装，只能由包装者自己来独创，其难度可想而知。

文物包装工艺虽很繁琐，从以往实践来看，若能认真、全面地加以总结，并以发展的眼光给以新的思考，还是可以总结出某些具有规律性的包装经验，并以此作为参考，成为有例可循的文物包装规范。只是因种种原因，此项工作未能切实进行。在此只能做些挂一漏万的叙述，以求抛砖引玉，求教大方。

文物的包装方式，常见有囊匣包装、软包装、直接包装和巨制包装，其中囊匣包装、软包装和少数直接包装，还需要另做一个木箱作为外包装。

第二节　囊匣包装

囊匣包装脱胎于存放金银细软的纸匣，一般是以草纸板为匣体，内垫棉花，上衬丝绸，外贴蓝布或棉缎的包装盒，用于盛放文物后，其内部结构已有较大变化，即在盒体四壁内加一草纸板卧斗，斗内填垫以棉花，以文物的形状为凹形囊式。文物较重时，外墙改用木板。有时还需增加"反斗"。因盒内形状为囊，故称为囊匣。这种

囊匣包装

囊匣源于何时，现已难于考证。大体上讲，在清末民初文物商品化时就已常见了。

囊匣的囊是按文物的形状设计制作的，棉花性软而略富弹性。文物放入时与囊匣相吻合，加之有外箱保护，保险系数甚高，损坏率可达到零。囊匣的外形或长或方，以布缎为饰，在古香古色中显得规整、大方、华贵，其内装珍贵文物，相得益彰。所以直到今日，囊匣包装一直是文物包装的主要形式。适用于中小件，重量轻的文物。囊匣要由专业人员制作，工本费较高。囊匣除用于运输包装，还是一种很好的文物馆藏工具。

第三节　软包装

软包装是以纸、稻草等缓冲材料为主，不使用硬质材料的包装，类似现代的所谓简装。此种包装形式借鉴于商品陶瓷的包装。

古代长途运输陶瓷器皿，一般以数件同类瓷器为一摞（景德镇称桶，每桶装20件瓷器），外用草绳捆扎，装入筐内。清末民初，文物商品化后，古玩经营者将此种包装方式加以改进，成为文物包装的一种方式。

软包装一般使用稻草、旧棉花、草纸等廉价材料，由店员包装，故费用低廉，便于运输，安全系数极高。

但软包装有技术难度，不易掌握，外观略显臃肿。自20世纪70年代初，塑料制品逐渐跻身包装行列，成为甚优的缓冲介质。所以在对外展览中，软包装仅仅是偶尔使用。虽然如此，但这种包装经验难能可贵，这对直接包装的发展，尤其是研创兵马俑等的巨制包装，起着极其有效的基础作用。

著名的陶瓷专家孙瀛洲老先生，曾作过一次让人大开眼界的软包装示范表演。他用破旧棉花、稻草和棉纸，将几件陶器打成软包，然后从二楼窗口将其着力掷出。软包直落在水泥地面上。因瓷器是质脆易碎品，如此示范，让所有人都提着心，静观其果。经检验，软包不散，瓷器无损，在场的人无不鼓掌称奇。孙老先生的传统包装功力至今被人们称道不已。那次扣人心弦的示范表演是在20世纪50年代初，笔者无缘亲眼所见，只能神往。20世纪80年代初，笔者有缘见到另一位老师傅打软包的全过程和成功试验。

1. 打软包的方法

包装物是一件近代带盖青花罐，通高 20 多厘米，包装方法如下：

①将罐体和罐盖分别用棉纸包好。这是软包装的第一层保护，尤其是两个以上的组件或个体文物，必须如此。

②在外边裹上一层较薄的棉花层。为了减震。

③用纸毛（书籍的边角废料）包裹紧实，再用线绳捆拢。纸毛的厚度不少于文物直径的二分之一。这与用旧棉花或稻草包裹的效果相同，也是利用纸毛良好的反弹性，缓冲了落地时的撞击力。若是多件软包，纸毛的厚度为 5 厘米即可，因装外箱时，还要加垫缓冲物。

④外边再用高丽纸或牛皮纸包裹整齐，用细麻绳捆牢。

⑤软包外观呈椭圆形，不能有棱有角。

将按上述方法完成的软包置于高约 70 厘米的工作台上推下，落到水泥地面上。结果是：软包不散，瓷器不碎。

问及老包装师有什么诀窍？他回答说，第一要手感轻，软包托在手上，要觉得比单纯的文物轻；第二全凭手劲。

什么是手感轻？我认为手感轻是包装人的感受，并不是指包装物的实际重量。由于棉花、稻草、纸毛等软包装材料都是体积大、重量轻的材料，包裹瓷器后，体积大了许多，托在手上有轻飘感。当软包落地上，因有软包装材料的缓冲，大大延长了软包与地面接触的时间，这样就使撞击力的强度大大降低。另外，软包是无棱角的椭圆球体，在落地时可产生滚动，改变了撞击力的方向，也大大降低撞击力的强度。

什么是手劲？我认为手劲也是包装人的感受，目前尚不能用文字解释清楚，只能谈些体会。前面讲到囊匣应由专业人员制作。专业人员怎样检查囊匣的质量呢？他们不仅要看囊匣的外观是否规整，做工是否精细，更重要的是检查内囊的质量。方法是将文物卧入囊中，先查看内囊是否与文物吻合。若看着吻合，还要用四指插入文物与内囊之间，若手指有挤压感，再用手指向囊壁压摁一下，若觉有反弹力，即认为符合安全标准。否则，定然是存在隐患。这手指的一插一摁，就是"手劲"。笔者曾使用这种方法，查出多例不符合质量要求的囊匣。

囊匣和软包是传统的文物包装方法，其优点甚多，但只适用于中小件文物，对于较大较重的文物，则需采用直接包装。

2. 试装和缓冲材料

文物包装从形式上讲有四种，从包装结构上讲只有两种：一种是文物→缓冲材料→内包装体→缓冲材料→外包装体。另一种是文物→缓冲材料→包装体。

囊匣、软包装和部分直接包装，包装结构属于前一种，巨制包装和少数直接包装属于后一种。一般中小件物品，为了便于搬动，尤其是有利于运输，需要装入外箱，文物也是如此。外箱是外包装体，一般用木材制成。囊匣和直接包装一般用木箱，软包除用木箱外，还可选用柳条筐或竹筐。

凡需装外箱的文物，都必须先行试装。待试装选好后，才能正式包装。

正式包装要顾及下列几个方面：

①要了解文物的质地、强度和现状。这是文物保护的基础内容，不仅包装工作要如此，由发掘、提取到修复、馆藏各个接触文物的环节都要如此。

②文物包装的核心是文物安全，但文物包装损坏的原因除包装本身的因素外，还与修复、运输密切相关。

③外箱的制作要考虑运输的文物有多大，有多重，一箱要装几件，以及怎样装在外箱之内。在一个外箱中不宜装入过多囊匣，最多摆放三四层；同时要考虑到如何使这些囊匣构成一个牢固的整体。外箱尺寸一般不宜大，大则不便搬动和运输。外箱内壁，尤其是底部，要加垫缓冲材料，铺垫必须平整。

④根据试装情况，绘制装箱图，必须填写装箱单。

包装好的陶质文物在装卸和运输中最大的威胁是撞击和震动，其中又以撞击的破坏力为大。撞击力的成因有两种情况：一种是包装体从一定高度落下后与地面发生碰撞；另一种是有物体撞击在包装体上。由于撞击时间极其短促，因而对包装体的冲击力必然很大。

从物理学可知，撞击力的大小决定于撞击速度和撞击时间两个因素。撞击速度越大，撞击力就越大，撞击速度越小，撞击力也就越小；撞击时间长，撞击力就小，撞击时间短，撞击力就大。用缓冲材料包裹易碎的物体，是为了延长撞击时间，并通过包装材料有效地分散撞击力，从而减轻或消除因撞击对文物产生的破坏作用。

棉花、木丝、纸毛和稻草等传统包装材料均具有良好的缓冲和减震性能。但由于技术、卫生和使用等方面的原因，较之塑料制品逊色。

泡沫塑料是应用最为广泛的包装材料，一般特性是：密度低、体质轻，比重与普通塑料及纸毛等相比，要小几倍至几十倍，上面有无数微小孔隙，故具有良好的缓冲和减震性能。一般市场上的泡沫塑料有三种可供选择。

①硬质泡沫塑料：主要成分是聚苯乙烯、聚氯乙烯。成品为白色板状体，分普通和防火两种板材，俗称聚苯板。具有一定的钢性，但反弹力较弱，适用于平铺直垫。

②软质泡沫塑料：主要成分是聚氨酯。成品呈黄色垫状体，俗称假海绵。具有柔软、反弹性好等特性，钢性较差，适用于直接的包裹用，也可铺垫。

③半硬质泡沫塑料：主要成分是聚乙烯。其性能介于以上两种泡沫塑料之间。

泡沫塑料的优良性能，使其在包装行业中大行其道，但它毕竟是化工制品，有时会有一些意想不到的副作用。至于泡沫塑料对文物保护是否存在潜在的不良影响，目前虽然还无结论，但在实用时，我们最好不要让塑料制品直接接触文物。

另外，还需制作一些大小不同的小棉被和小枕头，以备不时之需。用绸布或棉纸为面，棉花或假海绵为芯，缝制成普通的小棉被、小枕头状，用于加垫某些文物的空隙处，以求平稳。

第四节　直接包装

直接包装是将文物直接装入无内囊的箱内，简称"直装"。

包装箱为木箱，要据文物的大小订制，每只木箱只装一件文物；还要另做一只木箱作为外包装。这种包装适用于较大、较重、造型复杂的文物，如碑碣石刻、巨制砖瓦、青铜重器、大件三彩等。

直接包装产生于文物商品化之时，当时古玩店收进文物多用软包，较重大的则用直装，如形状规整的石刻、砖瓦等。

直接包装的文物，只要木箱大小适宜，箱内铺垫缓冲材料，不会出现安全问题。至于造型复杂的文物，因出土时多有损坏，需经修复才能作为商品，所以在包装时需加倍注意。

有外包装的文物，无论采用何种方法搬运，都十分安全。目前，直接包装法又有较大发展，形式更为复杂，更适合形态各异的文物。

1. 直接包装的三要点

直接包装虽源于传统包装，但已大有发展，形式也较为多样复杂。所谓复杂，是指因文物的质地不同、形态各异，出现了多种多样的直接包装方式。凡某一类型的文物，其直接包装形式必定有异于另一类型文物，即有多少种文物就有多少种直装形式。无论直接包装在形式有何变化，但根本要求却只有三条：正确选择承重点、正确选择固定点和细腿必悬。

（1）选择承重点

包装文物时要注意两类承重点：一类是文物本身的承重点，一类是包装的承重点。文物的承重点，是支撑文物自身重量的部位，如陶马的四蹄、瓷碗的底足等。包装的承重点，是包装时所选定的支撑文物的部位。

文物的承重点可以是包装承重点，但多数情况下还需另外选择。如一件三足青铜圆鼎，其三足是青铜鼎的承重点，青铜鼎在陈设时无疑是由鼎足支撑。若此三足青铜圆鼎需要运输，包装时不能选用足作为包装的承重点。

原因是古铜器受到氢、氧、氯等元素的化学作用，使铜质不同程度地变成氧化亚铜、碱式碳酸铜等化合物，即俗称铜锈，铜锈会使降低鼎足的强度，有的锈蚀厉害，达到糟朽的程度。再则鼎足较细，在承重的压力下，若受外力作用，极易损坏。青铜鼎的底部面积很大，即使受到外力作用，因局部压力小，相对不宜损坏。所以直接包装的三足鼎应选择鼎底部为承重点。

（2）选择固定点

前文提及"成为一体"是文物包装的基本原则。当文物与箱体成为一体后，外力作用于包装体时，文物与箱体产生同步震动，加之缓冲材料的减震作用，因而大大消除了对文物的威胁。否则当外力作用于包裹体时，文物自身会产生与箱体异步震动或摆动，而造成损坏。

文物与包装物"成为一体"的关键，是选择好固定点。

所谓固定点是文物与包装物的结合处，固定点应选择在文物坚厚的部位，一般选取两处或两处以上，最好是两两相称，圆形鼎的固定点鼎腹外壁与外箱最近部位的四处，用聚苯板卡住，再在鼎口上铺垫聚苯板，其厚度应该略高于箱口，最后经箱盖将聚苯板压实。

（3）细腿必悬

鼎足因质次较细，若遇外力作用极易损坏，如果不使其与外力接触，损坏的外因也就消除了。

具体做法是：制作一圆形木托，托顶部形状需与鼎底部形状吻合，木托高度略大于鼎足长度。然后将木托置于木箱内，并与箱底固定。再在木托顶部表面缠裹泡沫塑料。当将铜鼎装入箱内，木托则将鼎体托起，鼎足悬空，鼎底成为承重点。此种做法称"细腿必悬"。

"细腿必悬"是直接包装的一条基本规律，是将器物腿部置于不与包装箱直接接触或不接触的位置。如果青铜鼎足

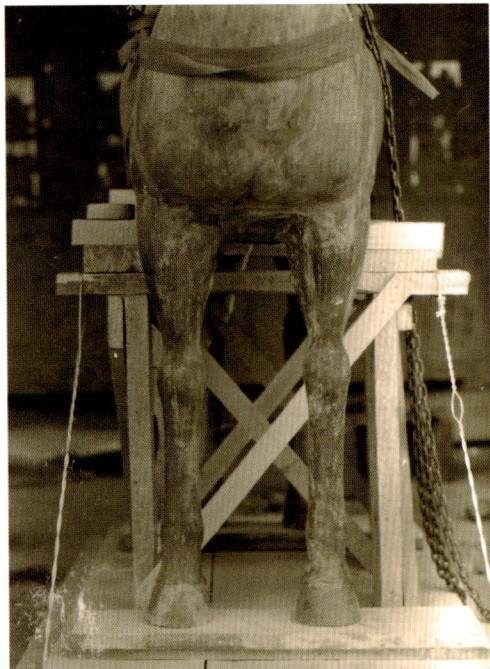

包装时要让马腿略悬空并固定好

仅轻度腐蚀，而腿径又较粗时，亦可作为包装的辅助支撑点。

文物直接包装的设计，基于以上三个因素，下面举例说明。

2. 包装实例：木栅式包装箱

木栅式包装箱是为大型陶马、唐三彩马设计的包装箱，曾以复制品是三彩骆驼做过破坏性试验，效果良好；此后又用数十件陶马仿制品做过实验，无一损坏。

陕西省咸阳市杨家湾出土的西汉骑兵俑，陶质彩绘，由马体（包括骑兵俑的下半部）及可植入马的骑兵俑上身和马尾三部分组成。

骑兵俑有大小两种，大者通高66厘米，长65厘米，马腿长27厘米，腿径最细处仅为3.2厘米。骑兵和马尾可装卸，可另行包装。

杨家湾骑兵俑，形体较大，马腿较细，质地酥松。所以四腿不能作为包装承重点，而应选择陶壁较为厚实的前胸、马肚和后臂三个部位。

悬空减震木栅式箱，源于框架式木箱，特点仅制作框架，框架上不必蒙上胶合板，亦无需上盖，下底只用五夹板和钉上三根木条。框架左右两侧的位置与箱底的距离大于马腿的长度。另备三根承重横木。因此种包装箱为木栅状，故称木栅式包装箱。木

栅式包装箱，结构简单，便于固定，又可节省木材。

陶马的形制有两种：一种如杨家湾骑兵俑（即陶马四足天下无托板），一种是陶马四足下有托板，托板着地，作为陶马的承重点。这两种陶马的包装方法相同，只是操作顺序略有不同。

①三根承重横木，外缠泡沫塑料后，再包裹一层高丽纸，并将承重横木甲、丙分别钉牢在两侧掌上，其间距略大于陶马前腿到后腿的尺寸。承重横木乙置于甲、丙二根横木之间，一端钉实，另一端虚架。

②将陶马从箱口放入，陶马前胸和臀部架在甲、丙二横木之上。调节乙横木，使马体站立正直平稳，马腿悬空。三根承重横木共同承托住马体后，再将乙横木钉牢。

③从甲、丙横木的任意一端起，用宽帆带分别从马肩稍后处、马臀略前处，连同底板和箱口捆牢，作为主固定点。

④再从箱前二枨或后二枨为始，以宽帆布带将陶马捆绑一周，与主固定点布带交叉处，应打结扣，此为辅助固定点。帆布带与马体接触处，均要加垫泡沫塑料或小棉被，以防磨损彩绘。底板上可垫一层泡沫塑料。

④将装好的木栅式包装箱装入外箱，与外箱固定为一体。

悬空减震木栅式箱

应先将陶马置于底板上，将箱体从上罩下，然后固定承重横木，再捆牢。

用帆布带固定陶马，是关键工序。捆扎时，要将陶马牢牢地与箱体固定成一体，绝不能因捆扎不牢，而使陶马遭到损坏。捆扎陶马要讲究手法。陶马的固定点选择在较坚实的部位，限于陶质文物的特殊性，捆扎时用力不能大，要适度。捆扎后，用手指轻弹帆布带，觉得有较强的反弹力，即为捆扎适度。

另外，还应注意到气候对帆布带的影响，帆布带为棉纺织品，有缩水性。当环境湿度过大时，帆布带要紧缩，干燥时，帆布带要膨胀。因此，捆扎帆布带时，要松弛均衡，留有余地。

3. 包装实例：隔架固定悬插式包装箱

此种包装箱是为汉代釉水榭设计的，为孤例。因这件汉代釉水榭曾多次出国展出都使用这个包装箱，一直安全往来，确认是成功的设计。因此为设计类似文物的包装，提供了成功的经验。鎏金铜马所用的隔架悬插式箱，也源于此。

绿釉水榭，1964年在河南省淅川县出土，红胎绿釉。原件残破，已修复。此水榭构思奇巧，造型典雅，工艺精湛，属于上乘佳作。水榭呈圆形盆状，当中一泓浅水。池中有一座二层亭阁，上圆下方。亭阁通高和水池直径均是45厘米，池沿宽5厘米，沿厚1厘米，底径40厘米。纵观全榭，小桥横斜，木船荡弋；人物写实生动，或骑游、或憩息；飞禽走兽栩栩如生，观赏者赞其精美绝伦，但对包装者来说，却是一个极大的考验。

原因是此件绿釉水榭，陶质酥脆，陶壁极薄，饰件甚多（人物、动物及船桥等共计39件，根据构图排列和残留现状推测，至少短缺四件），并且直立，稍遇外力，极易折断。因水榭平底，面积很大，可选为承重点，在其下面需铺垫好缓冲材料。关键是选何处为固定点，又怎样与木箱成为一体。

池中、亭阁、池沿饰件虽多，但饰件相邻之间空隙处，尚可见缝插针。主固定点选择池沿饰件的间隙内，共四处，两两相对。采用隔架板固定，并与木箱成为一体。木箱需严格按设计制作，其要点是：

①木箱长宽均为66厘米（指木箱内口，以下均同），高58厘米。截取一块长宽各66厘米，厚5厘米木板。木板正中挖出坡形圆洞，上口为42厘米，下口为41厘米。因坡形圆洞的直径、角度均与池外壁相合。将此板固定在木箱内底上，洞内铺垫泡沫塑料。当水榭装入木箱后，池底可平稳坐卧其中，这是辅助固定点。箱内四壁，各用木条粘钉两个隔挡槽木，其位置和槽宽，可据隔架板位置和厚度来定。

②用五夹板制作的隔架板，共四块，分称甲、乙、丙、丁，面积相同，均长62厘米，宽39厘米。

③在甲、乙二块隔架板上各粘上两根长49厘米，宽10厘米，厚1厘米长的木条，其间距与选定固定点间距相对应。长木板下端随选定固定点处（即池沿）形状裁剪，之后用泡沫塑料包裹。

④四根长木板为固定木柱。在固定木柱的背面，即甲、乙隔架板的另一面，各粘贴一块半硬质泡沫塑料。泡沫塑料位置与亭阁相应，并随亭阁形状削空。其下端削为柱形，可直插入亭台之内，为辅助固定点。甲、乙隔架板上端有两个插口。在丙、丁隔架板的下端，与甲、乙隔架板插口相应处各开两个插口。

隔架固定插箱的设计和制作较为复杂，但包装时却相当简单。

上述之例只是直接包装的两种方式，仅以此说明直接包装要正确选择承重点、固定点及细腿必悬的三要素，然后再根据陶质文物的具体特点，灵活掌握，设计出各种复杂造型的文物直接包装形式，便可有效地保护好陶质文物。秦陶战马的包装，是成功的实例。

第五节　巨制包装

巨制包装是直接包装的特殊形式。凡形体高大、造型奇特的陶质文物，都要采用直接包装（无需外箱），又名巨制包装。

巨制包装设计繁难，实施复杂，技术性强，专门用于包装形体巨大的秦兵马俑。

1972年在陕西省临潼县秦始皇陵附近，发现大批的秦兵俑，被誉为世界历史第八奇迹。秦兵马俑自1976年首次赴日本展出以来，又远涉重洋到过菲律宾、美国、加拿大、澳大利亚、爱尔兰等十几个国家和地区担任友好使者。

秦兵马俑本来是彩绘陶制品，但出土时彩绘层已剥落，几近殆净，只在凹槽处有极少量残存。兵马俑是秦代陶塑艺术的绝世之作，造型写实、形体高度，比例与真人真马相似。陶俑平均高178厘米至187厘米，陶马平均长200厘米至210厘米，其中将军俑通高196厘米，陶战马长220厘米，这样大型的陶质文物，在包装史上还没有先例，尤其是陶战马四腿相当脆弱，据说在第一次包装前，每次搬动（非运输）马腿都会折断。

为设计秦兵马俑的包装，我国包装师经过不断摸索、改进和完善，形成了一套颇为有效的独具风格的包装艺术，定名为托架整体装配式。至今为止，由我国包装的数十件（次）秦兵马俑，经过多次出国展出，从未发生一次因包装而产生的损坏。

陶战马的包装难于陶俑，直装陶战马有两种形式，一种是取陶战马站立式，一种是侧卧式，后一种源于前一种，是前一种的发展。下面以研试（即允许失败，但对于文物则只许成功）侧卧式包装为例，简述巨制包装工艺。

1. 巨制包装的起因

文物包装成箱的高度和宽度，必须小于飞机的舱门，否则将无法航运。

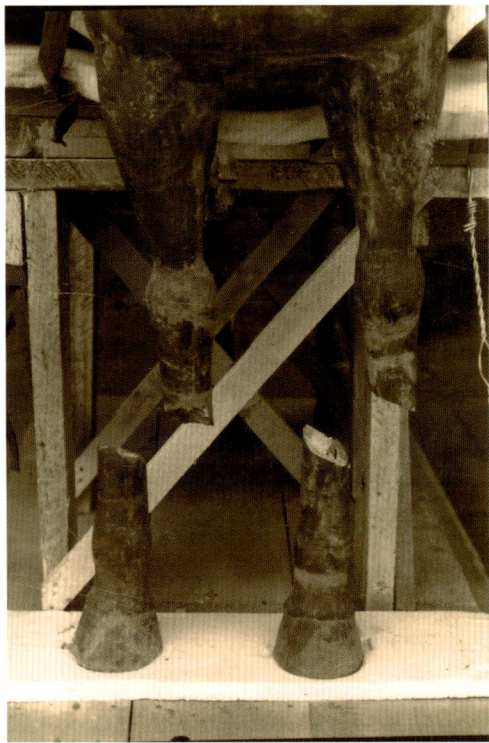

运输时易折的陶马腿

为此，包装要迁就运输。但陶马形体硕大，不可能削减木箱尺寸。所以运载的飞机舱门窄小时，就得改换飞机。

1985年我国某省为赴某国参加友好庆祝活动，选一件陶战马为重点展品，采用站立式包装。由于飞机舱门低矮，包装箱无法装入，当时既无法改换飞机，还需在另一国家换机运输，才能抵达展出国。于是展览者只好将包装箱侧卧，才抬进飞机的舱门，到换乘国时再恢复站立，安全运抵展出国。

2. 陶战马的包装

陶战马长205厘米，高172厘米，重约200千克。此马被置于长230厘米、宽80厘米、厚3厘米的木托板上。木托板以四根5厘米×5厘米的横木承托。木托板中部设置一铁质托架，托架下端与木托板固定，上端承托战马腹部。承托处是半圆形铁板，称为上托。上托下连四条升降杆，以机制螺母控制升降。陶马腹部为包装承重点和主固定点。托架为承重支撑点，使文物与包装箱成为一体。

3. 外箱

由六块框架式箱板组成，用直径 0.8 厘米机锣钉组装。外箱长 240 厘米，通高 210 厘米，高 90 厘米。另用两根 80 厘米 × 5 厘米 × 7 厘米的横木固定。

4. 陶战马的包装工艺

陶战马站立式包装是纸裹打底，木架绑桩、紧固定位和横木固定等顺序实施。在此基础上，陶战马侧卧式包装主要增添了纤绳拽带和六点支撑两项新措施。

（1）纸裹打底

用高丽纸或棉纸，将陶战马各处均包裹严实。马口内、耳内和毛鬃四周要先用棉花填实，马面部要用小棉被垫平，然后再裹纸。四腿的弯凹处亦同样处理，裹纸后要使马腿呈无弯曲直立状。

（2）木架绑桩

选用结实木条（2 厘米 × 3 厘米）或竹条，长度略长于马腿。木条、竹条最好缠裹高丽纸。将木条捆绑在马腿上（每条马腿不少于六根木条）。木条上至臀部，下与马蹄桌地处相平。然后用白布带，最好是 1.5 厘米宽帆布带，从最下端向上卷裹至臀部（见下图）。卷裹用力要均匀，要使木条与马腿紧固。从表面上看应是直立的圆柱体。

（3）紧固定位

用白棉布将全马包裹严实，在陶马腹部与托架上托之间铺垫软质泡沫塑料。塑料厚度不少于 4 厘米，然后上升升降杆，务必使马腹与上托靠得紧实。

再用宽度为 3 厘米以上的宽带帆布带将马体托架捆结牢固，再次上升升降杆，使陶马的四蹄离地。在其下分别铺放软质泡沫塑料。塑料厚度为 2 厘米，面积大于圆柱体的直径。最后下降升降杆，使陶马的四蹄"不实落地"。

适度操作升降杆，是保证陶马四腿不受损坏的重要环节。其一，必须使四蹄的底面处于同一水平位置，均与木板托为等距离，万不可高低参差。其二，在于"不

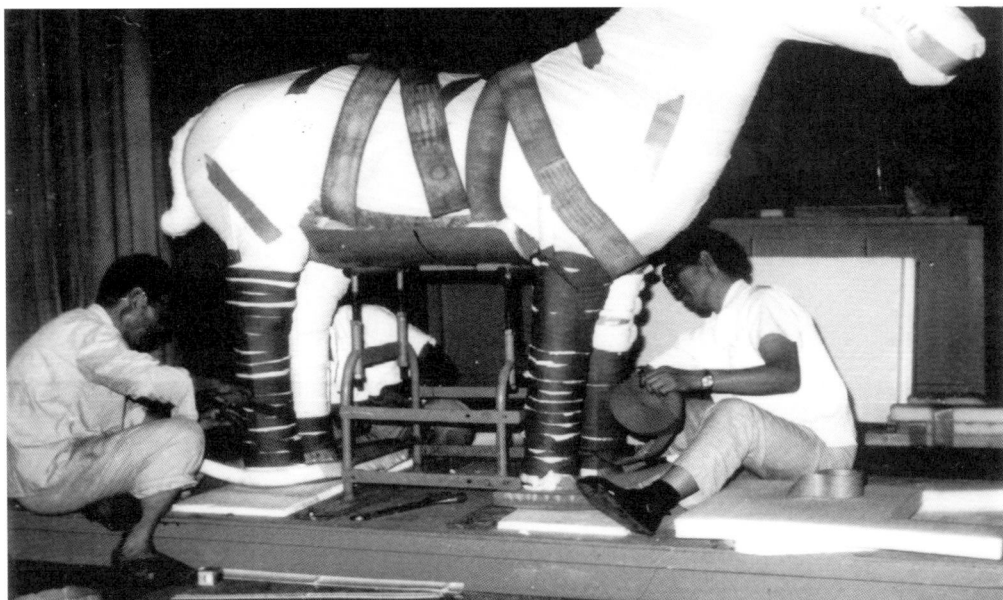

紧固定位

实落地"。所谓不实，就是虚实之间。具体讲，马的四蹄仅能刚好（隔着泡沫塑料）落到木托板上。应以四蹄下端的泡沫塑料明显地被压下，用手指从马蹄下端与泡沫塑料的交接处向内伸探，觉得有紧压感，是为恰到好处。四蹄不落地，四腿便可成为辅助支撑点。

经过这样的固定，尤其是对四蹄的处理，可确保四腿的安全。之所以这样说，是因为：第一，因其平，无论外力来自何方，都不会使一条腿先受力而受到损伤。第二，因其实，在包装体产生前后左右晃动时，四腿只能随之同步动作，而不会产生超前摆动。第三，因其虚，若箱体发生上下震动时，其震动力不会直接传导给四腿。

下面再对"手劲"的说法做一些补充。前文提到手指伸探、插摁及手指弹敲，都属于"手劲"。从表象看，手劲只是一种检查包装质量的手段。但若由表及里地进行分析，不难看出包装成功的根本在于实际操作的经验和手法。所以可得到这样的印象：在文物包装时只要处置得当，就可以使文物与包装箱成为一个整体，无论是垫棉花、垫塑料还是用麻绳、布带来固定，都要达到紧而有弹性的程度。这"紧而有弹性"的程度，就是"手劲正好"的表现。故"手劲"也是检验包装质量的重要方法。

（4）纤绳拽带

用宽 3 厘米的帆布带，分别从马胸部两侧向前斜下方（约 45 度）、马背后部两侧向后斜下方（约 45 度）捆牢拽紧，帆布带另一端钉牢在木托板上。

纤绳拽带的目的，是控制马体不能前倾后仰。虽然看似有些多余，但从加强安全防范的角度来看，还是很有必要的。

（5）六点支撑

所谓六点支撑，就是在马体的两侧各选择六处为支撑点，用聚苯板向外加垫，与两侧箱板相接，以至当箱体一旦向一侧倾倒时，因有六个支撑点，可阻止马体向一侧移位。当箱体完全侧倒之后，这六个支撑点即可承托马体。

六点支撑是陶战马侧卧式包装的鲜明特点，能否确保陶战马的安全，在于选择支撑点和如何加垫聚苯板。

支撑点选择在肩部、腹部、臀部、前腿、后腿、胫部，其中肩部、腹部、臀部是陶马坚实部位，而前腿、后腿、胫部是易损部位。既然是易损部位，为何还要选其为支撑点呢？以马腿来讲，当箱体侧倒后，马体随之侧卧，马腿亦由直立变为平直。此时马腿虽还与木托不实地接触，但已处于平直的悬空状态,若遇震动，极易断折。所以对马腿要采取适当安全措施，选其为支撑点是手段，而目的是为了保护。选取胫部为支撑点，也是出于同样的道理。

选作加垫之用的聚苯板，单张厚度不小于 3 厘米。由选定支撑点处至箱内侧加垫，直至略凸出侧边 0.5 厘米左右。前后两腿的档间，用聚苯板充满。聚苯板还要用布带与马体绑牢。

以上做法的用处是：第一，聚苯板略为凸出，当木箱装配时所产生的夹力可使木箱、加垫物和文物紧固。第二，因聚苯板具有缓冲作用，在受到冲击或震动时，可有效地削弱对马体的危害。第三，马体两侧对应加垫聚苯板，双向与箱体连接，可使之"成为一体"，更加牢固。这样在装卸时，无论怎样搬动包装箱，陶马都会是安然无恙的。

（6）横木固定

这种站立式包装，要在马胸前下部、臀部下方，分别用横木固定。横木中部

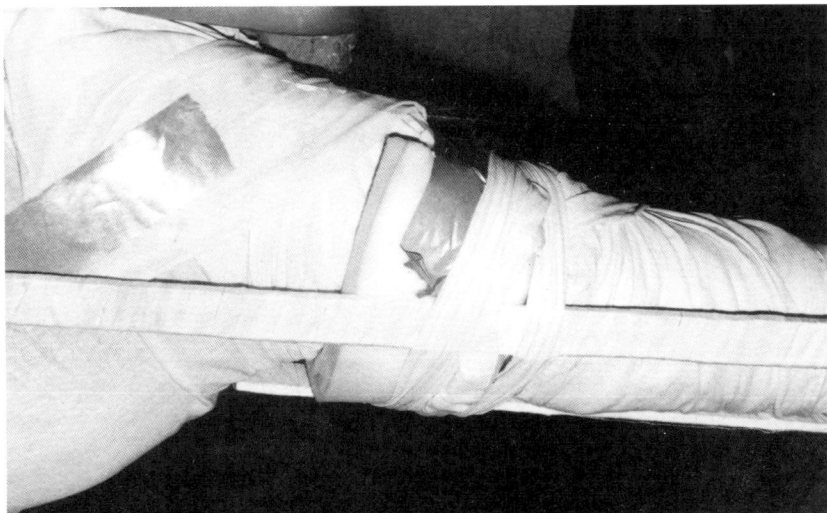

横木固定

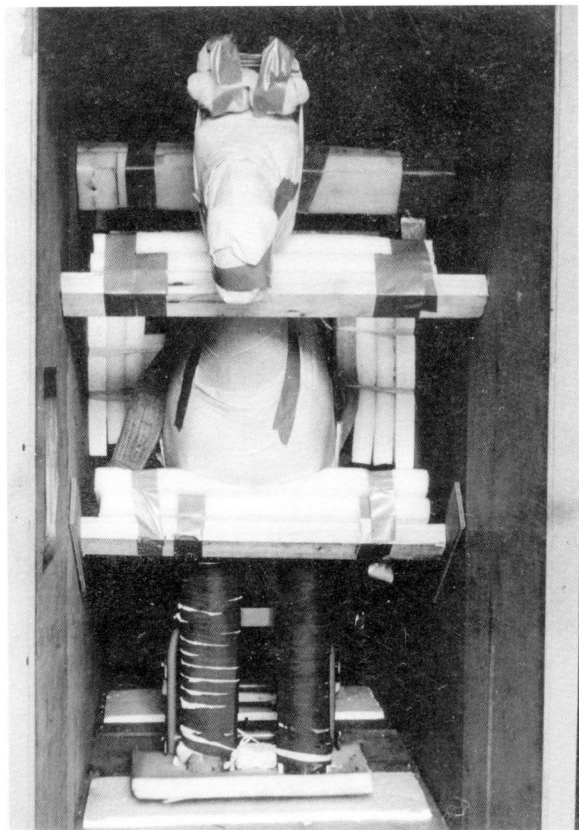

包装好的秦代陶马

需按固定处的形状挖凿出相应的凹槽，再用软泡沫塑料围裹，或在横木上加垫聚苯板，再在聚苯板上挖出相应的凹槽。横木定位后，用木螺丝钉从外侧向内固定。

横木定位，是可以防止陶战马前后移位。侧卧式包装添加了三根横木，可防止陶战马左右移位。横木位置分别在马颈下方、马颈后方和臀部上方。

另外，木托板与箱底板之间加垫6厘米厚的聚苯板。在可侧倒放下的箱板上，再加钉两条5厘米宽7厘米厚的横木带。

秦陶战马采用上述侧卧式巨制包装，经过数次汽车运输，换乘过两次飞机，均安然无恙。

第十章　陶质文物修复实例

　　本章所举实例是笔者从多年修复的出国展览的文物中挑选出来的。录此实例目的有三：一是为进一步阐明前文介绍的陶质文物修复工艺的具体应用、尤其是如何灵活的应用；二是说明某些工艺的来历；三是介绍实践经验。

第一例　修复秦代陶铠甲武士俑

——塑补和复合填料之例

1. 概况

　　1974 年，在山西省临潼县秦始皇陵东侧，出土了大批形象生动、与真人真马大小相仿的陶塑武士俑和陶塑战马。武士俑持刀握剑、挎箭挟弓，陶战马拖着战车，规整地排列在有梁架结构的地下建筑里。从发掘现场看，这些建筑物和兵马俑曾经遭火焚烧。由于建筑物坍塌，兵马俑被砸得东倒西歪，肢体零碎。经长期压埋，受地下水和各种盐碱物质的侵蚀，陶质受到不同程度的损坏。如此规模宏大而又破碎严重的兵马俑，对于修复者来讲是前所未有的新课题。

　　1975 年为筹办出国展览，需修复三件兵马俑（这是秦兵马俑首次出国展出）。此次修复为笔者提供了非常重要的实践机会，修复小组在范文藻先生的指导下，研创出了塑补工艺及复合填料。使用塑补不仅可以较好地完成修复任务，为陶质文物修复开拓一个新的领域，更为确立"陶质文物六步修复法"奠定了基础。

2. 修复简记

　　秦铠甲武士俑是三件兵马俑之一，破碎为 153 块。修复后通高 184 厘米，重 182 千克。武士俑形体复原后，凡可用模补、填补完成的短缺部位已经实施，如小臂即用模补。但是武士俑的围巾和连甲带等处的立体短缺，无法用传统工艺来完成。

修复后的秦铠甲武士俑

围巾系在武士的颔下，短缺的部分占围巾的三分之一，断折面参差不齐。据专家考证，秦俑的制作方法是先模制出内坯，然后在坯胎上再进行泥塑而成。所以，阵容威武的兵马俑总的风格是一致的，但精神毕肖的个体秦俑又各具特色，绝非千篇一律，围巾亦是如此。在浩大的军列中，不乏披戴围巾的勇士，这为修复提供了很多参照物。但因形状各异，完全相同的围巾难以寻觅，故均不确凿。另外，因短缺处断折面过于参差不齐，也难以用模补实施，这是第一个难点。

武士俑身披由连甲带缀铠甲片而成的铠甲。连甲带的制作是采用模制。模制泥坯成形后，趁泥未干时粘贴在铠甲片上。所以，连甲带能与俑体外形随弯就坡地紧密贴合。因此，这次修复时选用模补法补配。但这是一次失败的尝试，因为连甲带的样式虽然一样，但规格却略显差异，具体到需补配处又有不同的角度；加之连甲带的厚度仅2毫米至3毫米，翻制配件系石膏质，所以翻制配件的成功率很低，粘接到需补配处时又极易损坏，根本达不到随弯就坡地与俑紧密贴合。这是第二个难点。

陕西省博物馆范文藻先生（已故）多年从事临摹、修复，是此次主修者之一。在与范先生商讨如何解决上述两个难点时，笔者提出塑补的设想。范先生不仅给予支持，并就可行性、技法和原料等提出了很好的建议和具体措施。经主管领导同意后，由范先生现场指导，笔者实施。经塑补修复后的秦俑，得到了王冶秋等领导和有关专家的肯定。塑补围巾应以原件围巾所固有的凹凸纹饰为依据，参考其他俑饰围巾的式样实施。塑补连甲带要先塑得完整，再适当地做出略有残缺的效果。

在此应说明的是这次塑补所用填料仅是石膏和水泥，当时并无"塑补"之名称。前文"塑补"一节的内容，是在此次成功修复的基础上不断完善的结果。

第二例　修复"司母辛"铜方鼎

——粘接铜器之例

1. 概况

修复断折的青铜器，传统工艺采用焊接。对此有两种截然不同的看法：

一种看法认为焊接时所用的熟盐酸中含有氯，氯可使青铜器产生铜锈（碱式氯化铜），会损害文物。另一种看法认为焊接所需的熟盐酸用量极微，对铜质基本没有影响，几十年前所修复的青铜器至今安然无恙，这就是例证。到底是有害还是无害，在此不讨论，只是随着化学工业的发展，采用环氧树脂粘接某些断折的青铜器应是可行的。粘接"司母辛"铜方鼎就是成功的一例。

"司母辛"铜方鼎于1976年在河南省安阳殷墟5号墓出土，是商代的青铜重器。高80.5厘米，长64厘米，宽47.6厘米，重117.5千克。鼎呈长方形，直耳、平底、四柱足，足中空。鼎体四边角和足上部均有凸棱。口下饰饕餮纹，由二条夔龙纹构成。鼎腹四面的左右两侧和下侧排列规整的乳丁纹。足上端饰饕餮纹。口内下侧有铭"司母辛"三字。

2. 修复简记

"司母辛"铜方鼎这次重修，为展览修复。此次损坏是鼎的左前腿从根部断折。断折处出土时既已损坏，曾经修复，采用焊锡焊接。在重修时，清除焊锡的过程中发现，锡料约有80%未能与铜质焊牢，从表及里越来越明显，直至根本未与铜质焊接相连。产生此种不良现象是因为腿壁过厚，焊接时热力未达及里而造成。若还用焊接修复，效果必然如故。所以改用化学剂粘接。

断折面凹凸不平，并有短缺，拼合后不能严丝合缝。所以，粘接时应采取以下措施：

将鼎体倒置，断腿倒立在断折面上，固定牢稳（即固定实验）。环氧料中掺入适量体质颜料和深绿色颜料。涂覆胶层要略厚，拼接时凭借鼎腿自重的压力将胶挤出，用丙酮略加清除后，即用橡皮泥适当遮挡。待环氧料干硬，用热刀法再次清除余料，并修整，最后作旧。

"司母辛"鼎修复前的状况

用粘接法修复，可使鼎足断折面上的每一处都可以得到粘接，牢牢吻合，加之环氧树脂的特性，所以相当牢固，效果良好。但是，如果青铜器断折面较薄，粘接面较小时，用粘接法显然不如焊接。

在此应说明，修复青铜器不属陶制范畴。录此事例，仅为说明环氧树脂的应用和效果。

修复后的"司母辛"鼎

第三例　修复敦煌彩塑菩萨造像

——破损与粘接之例

1. 概况

　　举世闻名的敦煌石窟，珍藏着很多精美绝伦的佛教造像。20世纪50年代初期，文物工作者曾依据原塑像制作了一些复制品。因复制年代较早，复制者的技艺高超，其制品忠于原作，几乎达到以假乱真的境地。1981–1983年曾选择其中有代表性的精品菩萨造像赴国外展出。在筹备展出、往返运输和国外的展览包装中，因多方面的原因，造像有所损坏。

　　（1）北魏彩塑菩萨造像

　　图片所示北魏彩塑菩萨造像位于敦煌石窟第248窟，是北魏时期始塑，高103厘米。原为泥塑彩绘，现代复制品改为石膏像。

　　此尊彩塑菩萨造像立于长方形台座之上，体形扁平，面目清秀，袒胸，长裙拖地，衣纹为阴刻，具有丝绢般的质感。像全身施彩绘，色彩艳丽、色调明快，富有装饰性。颜色有绿青、群青、土红、黑白等。复制时为增加塑像的强度，于两腿内部加有木筋。

北魏248窟彩塑菩萨造像

　　此尊彩塑菩萨造像的两腿踝部，前后三次环断（因内有木筋，虽已断折但没有分离）。后两次环断，处于前两次环断修复处的旁侧。虽然三次环断处相距很近，但未重叠一处。另外，衣裙后摆与台座交接处亦发生三次环断，均在第一次环断修复处。

（2）隋朝彩塑菩萨造像

图片所示隋朝菩萨造像位于敦煌石窟第416窟，高124.5厘米。原作为泥塑，复制品也为泥塑。体形扁平，头部略前倾，头后有背光。表情文静沉着。造型雄厚，富于写实性。复制品为忠于原像，在复制塑像的同时也复制了部分原壁和台座。壁与座系木制，成"L"形，交接处以铁钉链接。

此尊彩塑造像曾两次损坏，前两次仅脖颈部环断（内有木筋）。后次是脖颈部和两腿踝部环断（内有木筋）。脖颈部后次环断处于前次的旁侧。

（3）中唐彩塑菩萨造像

图片所示中唐彩塑菩萨造像位于敦煌石窟第159窟，高139.5厘米，原为泥塑，现代复制品为石膏像。体形扁平、头饰冠带、风带飘逸。脖颈萦绕串珠佩饰。右手执带，左手掐诀，闭目静思，站立于莲托之上。内着紧身衣，外披披肩，下裹衣裙，其上遍绘缠枝莲、折枝花。通体施红、黄、绿、紫、赭诸色。色彩鲜艳。

此尊造像曾两次损坏，前次从小腿的下部，距地面15厘米至20厘米的衣裙处环断。后次是从脖颈部环断，包括两侧风带。此二处的内部均加木筋。左臂从肘部断折，肘内部加钢筋，小臂能够取下。

隋朝416窟彩塑菩萨造像

中唐 159 窟彩塑菩萨造像

2.修复简记

分析损坏原因：主要是佛像的质地脆弱。此三尊彩塑佛像为石膏质或泥质，机械强度均不高，尽管复制时在内部采用木筋加固，在泥料中掺合草类物质以增加强度。这些措施在一定程度上起到加固作用，但不能从根本上克服原材料易碎的弱点。当年复制时，如在原料中加入适量的粘合剂，表面再用粘合剂加固处理，则机械强度会有明显改善，损坏的几率可大大减少。

由于材质脆弱，加之此三尊彩塑造像的形体较高大，且体形扁平，在运输中震动稍大，即可能受到损坏。如 416 窟彩塑菩萨前倾的头部，若包装时头后部未能垫实，遇有外力便会从较细的脖颈处断折。再如北魏彩塑菩萨造像（248 窟）的台座，长与宽均大于塑像，踝部又较细，若包装时未将塑像部分连同台座一齐固定，因震动很容易从踝部损坏。

隋朝彩塑菩萨造像（416 窟）踝部环断的原因，除外力作用外，内因在于木制壁与座"L"形连接不牢固。此像的脚踝部虽然较细，但因背靠壁、足踏座，按理说不应出现环断。但因壁与座仅用铁钉连接，而未采取其他措施。用铁钉固定连接平面木板或不常搬动的木器，还是比较牢固的。但用来固定连接"L"型的角接处，相当勉强，加之运输的颠簸，极易松动。如果用螺丝连接"L"型的角接处或榫接，其牢固度优于铁钉数倍。

另外，国外包装人员不熟悉我国的文物包装方法，又缺乏必要的技术指导，故包装工艺欠佳。这三尊塑像的修复经验有以下几点：

①塑像偏高时，凡环断处于下肢的，应将塑像固定后再进行修复。

②环断处凡有纹饰的，应首先临摹下纹饰，留好资料，以便在仿色时参照。如中唐彩塑菩萨造像（159窟）的下身出现环断，就需先临摹折枝花，后滴注—填补。

③环断处均选用502胶滴注—填补法进行粘接。填补选用水泥。中唐菩萨造像（159窟）的环断处偏下，上身较重，又因石膏"吃"胶能力较差，所以洞槽要适当宽深一些。

④隋朝彩塑菩萨造像（416窟）系泥制，其"吃"胶能力较强，故洞槽可适当窄浅一些。

⑤根据这三件塑像前后几次损坏的情况分析，除北魏彩塑菩萨造像（248窟）的衣裙后摆是从原粘接处断折外，其他部位均未从原粘接处再次断折，因此可证明滴注—填补的牢固性是良好的。

第四例　修复桥头题诗白瓷枕

——注射加固之例

1. 概况

宋代瓷枕很有名，河北省邯郸宋代磁州窑系一大名窑，以白瓷为主。邯郸地区文管会藏有一件桥头题诗白瓷枕，属于磁州窑系的标准产品，瓷枕长43.7厘米，宽18.2厘米，高17厘米，浅灰胎白釉，釉面明亮，除底面外，其他五面均绘有酱褐色图案，画工精细，主题画面是文人题诗于桥栏之上，垂柳依依，表现挽留惜别之情。

瓷枕基本完整，只在正上面左下角处略有残缺，另有两处凸釉，凸釉处釉层和胎体已剥离，呈凸状隆起，但未剥落，此种损坏不常见，损坏原因可能是因胎质较为粗糙，化妆土层（包括釉层）较厚，与瓷胎烧结牢度较差，加之盐碱类物质乘虚浸入，致使釉层与胎体剥离，凸釉从表面看很完整，实质已经酥脆，若稍遇外力，釉层必定破碎。对此种损坏历来没有良策修复，只能从保管方面多加注意或待凸釉剥落，再补配，再修复。

1985 年筹办出国展览，选中此瓷枕为展品。虽然当时瓷枕有箱匣包装保护，但考虑到路程遥远，以防万一，需从修复角度考虑保护措施。瓷枕凸釉一处在左侧面，一处在正上面，正上面的凸釉处于右上角，面积约 3 平方厘米，隆起顶尖有极小破碎，破碎四周有数条短细裂纹。

2. 修复简记

由于此前没有修复凸釉的先例，所以修复方案只能根据实际情况，凭借经验来考虑。在数次否定其他方案后，确定以注射法为基础，选用 502 胶进行内部加固，修复后的效果较为理想。具体工艺如下：

①在隆起顶点的微小破碎处，用尖锤轻轻戳成约一毫米的洞孔，此孔为注射孔。

②将滑石粉倒入清水中并搅拌作为填料。

③将浑浊的滑石粉水吸入医用注射针管，吸入时针头尽量靠近容器底部，尽可能的多吸入滑石粉。

④注射针头插入注射孔，将滑石粉水注射到凸釉下的空间（注意：前文介绍的注射法不用针头，而此处必须用针头）。

⑤待水分蒸发后，再次注入滑石粉水，待干，再注射，反复数次。经此注射，滑石粉逐渐将凸釉下的空间充满填实。水的自然蒸发速度较慢，可用吹风机加热提高蒸发速度。

⑥待滑石粉完全干燥后，再用注射器吸入 502 胶，将胶液注射进凸釉的空间。注射手法是将针头从注射孔斜向插入，尽量插到最里处再注射。胶液注射 1/2 后，再将针头转向另一方向再注射剩下的 1/2 胶液。此种手法与医生打封闭针手法相同。注射时手要把稳，针头不能摆动，以免将凸釉碰碎。吸入和注射 502 胶时速度要快，否则 502 胶硬化而不能使用，甚至损坏凸釉的釉层。注射完毕，要及时用丙酮清洗注射器，以备再用。

⑦待 502 胶干硬后，即与滑石粉胶结为坚硬的实体，将凸釉下的空间填实，从而起到加固保护的作用，使釉不至剥落。

⑧用填料将注射口填补平整，再在其上仿（色）釉，最后作旧。

第五例　修复篮纹三足灰陶瓮

——填补、塑补之例

1. 概况

瓮是盛贮器。篮纹三足灰陶瓮，体形硕大，高 61 厘米，口径 29.5 厘米，极为少见。

夹砂灰陶略泛黄色，部分器面泛黑色。圆口略直，方唇，腹略鼓，腹下部渐收为圆底。底下有三锥足。器壁厚重，厚约 1.5 厘米。器表遍饰篮纹。

此件陶瓮制作于四千年前，属于新石器时代，为龙山文化的代表作之一。此器为手工制作（尽管存在着略显不圆的不足），足以体现古代劳动人民的聪明才智。

篮纹三足灰陶瓮于 1983 年在山西省汾阳县杏花村出土时已破碎。首次修复，属于

三足陶瓮修复前

三足陶瓮修复后

研究修复，当时黏结的陶片，后又大多开胶重新断折。原件共有陶片 25 块，短缺约占全器的四分之一。根据这种情况，必须重新修复。

2. 修复简记

原粘接用的胶质物，经水浸洗极易溶化，易清除，估计为普通胶水。用普通胶水粘接陶片，牢固性定然很差，但对重修却相当有利。短缺处多集中在陶瓮腹上部的一侧，与口沿短缺连成一片。口沿处短缺略超过口沿周长的 1/2，且口径不圆，所以不能选用打样模补。篮纹的栏格间距及栏格中的横栏纹间距和纹径都有差异，若用模补很困难。鉴于这些具体情况，采用填补和塑补结合的方法修复较为适宜。工艺步骤如下：

①将陶瓮的形体复原后，将瓮口朝下放置在转盘上，用填料按器口的圆度，将口沿短缺部分堆积填补成型。待填料硬化后，将陶瓮回归正位，在堆积填补其他需补配处。

②堆积填补较前述填补难，在实施中一定要边堆积边修整。随时注意陶瓮的圆度，腹部上升到弧度，若出现偏差必须及时纠正。

③填补处的表面要比相邻面略高些，以备塑补。堆积填补要分若干次，不可能一蹴而就。故填料要准备充足，不可停工待料。每次堆积填补的面积过大，以便随时修整或纠正。下次堆积前，定要在前次堆积的连接面上涂覆 107 胶。

④堆积填补完成后，及时按陶瓮下部原有的栏格间距在填补处划出标准线，用塑刀按标准线将栏格刻出。再参照邻近面对横栏纹，用刀具将需补配处的横栏纹逐一刻出。采用填补—塑补法修复篮纹，相当费时费工，但效果非常好。

第六例 修复彩绘武官陶俑

——粘接、塑补之例

1. 概况

1972 年在陕西省礼泉县兴隆村唐代李贞墓，出土了两件高达 113 厘米的彩绘陶俑，一文官一武官。出土时均已破碎，后修复完整。1980 年发现武官俑再度损坏。

这两件彩绘陶俑是李贞墓出土的 130 多件文物中的精品，尤以武官俑造型生动。

武官俑立于椭圆形黑色基座之上。头戴彩绘描金立体鸟饰冠，身着彩绘翻领交襟右衽宽袖外衣，腰束博带，足登云头翘鞋。脸微侧视，注目前方。拱手执圭，肃然恭立。通体饰着石绿、紫红、粉白等色彩，典雅艳丽。武官俑将唐代官吏的形象，刻画得自然、逼真，是一件现实主义的艺术珍品。

2. 修复简记

武官俑有两处损坏，一处是描金立体鸟饰冠上的凤鸟断折为三块，另一处是从颈部翻领处横向折断，使陶俑身首分离。翻领处断折为四块。断折的碴口处，有多处粉碎性陶块（《文物》1977 年 10 期昭陵文物管理所《唐越王李贞墓发掘报告》）。

凤鸟为立体饰物，从冠正前中部向前探出。出土后修复时曾以石膏补配。再度损坏虽只有三块碎块，但因凤鸟形体纤细，最大直径不足 1 厘米，又多粉碎性陶块，故无法粘接复原。所以需重新补配，选用塑补法。具体做法是：

①先将已断折的碎块拼合成型，然后在凤鸟处堆积复合填料，再参照拼合成形的凤鸟进行雕塑。塑补成型后，要用 502 胶涂覆加固。最后仿色和作旧。

②颈部断折，按原碴口用环氧树脂直接粘接，然后填补粘接接缝，再进行仿色。仿色时应待底色干燥后，再做上面勾勒出纹饰。最后作旧。

此俑原修复效果颇佳，从中可以得到启发和借鉴。从表面看，除去圭板的中部略显不平整外（这是修复所允许），其他处很难找见修复痕迹，给人以天衣无缝的完整美感。

发掘报告说："此两件陶俑出土时'均残破'，'一较严重'。"但哪一件较严重，并未注明。此次损坏是由颈部断折，所以有机会窥视内部陶壁。从内壁可以看出，武官俑相当破碎，有数十块之多。较为严重者恐怕是指此俑。碎块既多，黏接时极易出现偏差。可此俑的黏接处碴口均属严丝合缝，即使是陶块的边角有所短缺，用手触摸也相当规整。再结合表面的修复效果看，可知原修复者的技艺是颇具功夫的，是一件相当成功的展览修复品。

第七例　修复陶釉仓楼

——翻模泥模补之例

1. 概况

河北省沧县出土的釉陶仓楼是一件明器。仓楼通高 128 厘米，由三节叠摞成型。陶质砖红色，外施绿、酱和粉绿色釉。因釉面多被泥锈覆盖，故不见真面目，尤以窗棂为甚，只在适当清洁之后，才显露处诱人的粉绿色。

2. 修复简记

水浸后，采用机械方法去锈处理。釉陶仓楼的原短缺处大部分已用石膏补配，但未仿色（釉）。1989 年筹展时，做了大量改修。现仅介绍斗拱和瓦当的修改工艺。

斗拱短缺 5 个，瓦当短缺 12 个，原修补已补配。但原补配处与原件斗拱、瓦当的形状相去较远，故须拆除重做，采用翻模泥模外，重修斗拱工艺如下：

①将原补配的斗拱全部清除。

②将确凿参照物（原件固有斗拱）纹饰凹处的泥绣全部清除（待翻制后再重新作旧）。

釉陶仓楼修复前

釉陶仓楼修复后

③用翻模泥在参照斗拱前半部（竖向）上按压成模。因短缺 5 个斗拱，故应将 5 块泥模全部做出。

④ 泥模平位，翻制配件。

⑤待配件干硬后，用 502 胶将其黏接在短缺处。

⑥用塑补法将斗拱后半部（横向）补齐。

瓦当做法与上述基本相同，只无需塑补工序。另因瓦当配件薄小，易损坏，故须多做一些泥模，翻制备用配件，以便及时递补。

第八例　修复三彩镇墓兽

——参照补配之例

1. 概况

镇墓兽有人面兽身和兽面人身两种。相传是为了辟邪和保卫逝者在阴间的安宁，于是将它们成双成对地置于墓中。镇墓兽是冥灵鬼怪，是人们臆造出来的非实有的保护神。总体形象由头角、身体和基座三部分组成，但是没有造型完全一样的

唐代　三彩镇墓兽修复前

两件镇墓兽。

河南省博物院收藏的三彩镇墓兽,是唐代制品,通高 91 厘米,人面兽身,神态威严而凶猛。造型奇特,头生三角,旋发直立,兽耳扇风,眉立竖,眼如铃,鼻上翻,口如盆。肩生双翼,双臂着地,蹲坐在似石墩的底座上面。除面部、立发和耳廓内为素面外,其他部位分黄、绿、褐三彩釉。

损坏情况:直立的头发几乎从根部以上就短缺了,前角从中断折,碎块已失(另二角完整),两翼的十四根翼羽荡然无存。右腋、前胸、足膝部分釉层剥落,底座残损多处。出土后仅用虫胶粘接复原,略做泥锈。

2. 修复简记

此件三彩镇墓兽形体高大,造型奇特,工法精湛,风格迥异,属于上乘之作。但因立发、羽翼等有特色之处已短缺,若不补配则影响整体美。按修复的原则讲,短缺处要有确凿参照物才可补配。因此件镇墓兽的立发、羽翼全失。又没有两件镇墓兽是相同的,据此可考虑不补配。但是,若从镇墓兽这一题材挖掘。从其神髓风格来考虑,则不难找出其规律,并可以此为依据,考虑可行性补配方案。

首先,镇墓兽祈求安宁的意识源于宗教。宗教中的鬼怪形象,虽然是随心所欲臆造出来的子虚之物,不受客观实际的局限,但毕竟是由客观现实拼凑夸张而成。

其次,虽无局限,但有定规。凡唐代的镇墓兽,大体均为威严肃穆之态,顶角健壮刚劲,立发盘旋直冲霄汉,双翼振翅欲飞。从这件镇墓兽短缺处的残存部分推测,与同时代镇墓兽的风格是一致的,局部处理亦在定规之内。如立发根部留有明显的上旋痕迹,残断的双翼保留着振翅向上的姿态,完整的双角呈现奋力向前之势,并显略弯之状。

据上分析,此件镇墓兽可参照同为唐代镇墓兽的立发、羽翼的风格、特征,采用塑补法将其补配完整。具体实施时,应注意需补配处的比例不可失调,立发要刚劲,羽翼忌死板。此件镇墓兽经此修复后,重现了它冥冥之中的骁勇、神圣。

从内涵、神髓、风格出发的补配方法,一定要慎用。无深厚的功底和技艺修养是很难达到其效果,仅在某些特定情况下才能选用。绝大多数无确凿参照物的短缺,只能不补配。

第九例　修复石雕弥勒菩萨造像

——据佛教仪轨补配之例

1. 概况

造像为三尊立像组成，中间是弥勒菩萨本尊。头戴花冠，身着长袖博衣，外披袈裟，颈戴项链，胸挂璎珞，左手施与愿印，右手施无畏印，赤足站立于覆莲座之上，背后有圆形莲花纹头光和火焰纹背光。

左右两尊胁侍菩萨的装束与弥勒菩萨本尊相同，只是略低矮，胸前无璎珞。一菩萨手持莲花，一菩萨手持锁形物。莲座坐落在长方形基座上面。基座正面雕刻荷花形香炉，两侧各蹲坐一只护法狮子。造像造型端庄，雕刻刀法娴熟，系北魏时期佛教石造像群中的佳品。

这座雕像系用磐石雕刻而成，因年代久远，其上布满坚实的泥锈，呈灰黑色，通高 81 厘米。洛阳博物馆收藏时，弥勒菩萨的左手食指已缺，背光顶尖亦缺。左胁侍菩萨的头光顶尖、冠饰、左手小指及莲座外侧，左胁侍菩萨的头光顶尖、体座左前上角均有短缺。

2. 修复简记

采用塑补法补配，选用石粉型人造石作为补配材料。

补配时需要注意背光顶尖的火焰纹要自然地衔接，还要注意刻画阴刻焰纹向上升腾的力度。至于弥勒菩萨短缺的食指如何补配，可从佛教造像仪轨中找到依据。

佛教造像有一定的仪轨，仪轨是制造佛像的规则。佛、菩萨手势，又名手印，必须按仪轨制作。弥勒菩萨右手上举，伸五指，掌心向外，作无畏印。左手下垂，拇指和食指向下，余三指回蜷（亦有五指向下的），掌心向外，为与愿印。

根据仪轨，可确定食指的姿势和所指方位。在实施时，只要符合与愿印的仪轨，注意与其他四指的比例，就可以成功修复。修理佛像的人不一定信佛，但必须懂得佛造像的规律，可见平时的知识积累也很重要。

石雕弥勒菩萨造像

第十例　修复伎乐陶俑套7件

——不补配之例

1. 概况

1976年在河南省洛阳市邙山徐村出土了一组唐代伎乐陶俑，由两件舞俑、五件乐俑组成一个欢乐优美的乐舞场面。两件舞俑头梳双髻，身着圆领长袖的衣裙，下摆拖地，身体向左侧自然扭曲，右手高抬过肩，左手飘然下摆，翩翩起舞。两件舞俑手势略为特殊，其舞姿婀娜，舒展娇美，动作协调一致。五件乐俑席地蹲坐，各持乐器作奏乐状，生动活泼。各俑的手呈现不同的姿势。

2. 修复简记

舞俑手臂共折断三处，乐俑手臂共折断两处。乐俑除持钹者外，其他四俑的手及手臂共有五处短缺，她们蹲坐的方座也有三处短缺。凡断折处可粘接复原，方座的短缺也可补配。但短缺的手臂却只能给人留下永久的缺憾。

这七件陶俑的风格、服饰、色彩是一致的，但动作、姿态不同，尤其是手的姿势更是丰富多样。已残缺的手臂虽有类似的陶俑可供参考，但无法确知每件陶俑在未

唐代　伎乐陶俑

损时手持何种乐器，也就无法确定修复时应为何种姿势。所以，仍然保留了残缺的状态，均未补配。

未补配是否影响文物的完整美呢？是非均有。说其非，因缺而未补，终是缺憾。说其是，是因为文物本为古旧之物，有时残缺也可使文物产生一种古朴的残缺美。修复陶器时，有时还要有意识地留下极少量的短缺不予补配（需在不影响文物整体美感的前提下），就是为了追求残缺美和古朴美。南京大报恩寺塔琉璃饰件的边框，就特意保留了一些斑驳的剥釉处，未加修复。这可突出古寺庙的深幽古朴，更赋予历史的真实感。残缺美给人以联想的广阔空间，由此引发对前人与历史的追寻、探索。

但需要补充的是，残缺美是因文物已有短缺，而又无法弥补（或有意不弥补）所特有的一种美，绝不能人为的制造。所以，凡能够补配完整之处，尤其是显著重点部位的短缺，一定要补配完好。

第十一例　修复石雕天禄

——石粉型人造石补配之例

1. 概况

石雕天禄和辟邪像是汉代宫阙和陵墓前常见的神兽像，两者造型上的区别不甚明显，一般都是石雕，形体高大。河南省洛阳市关林石刻艺术馆藏有石雕天禄、辟邪各一件，均经过修复，其中采用石粉型人造石重修的天禄，效果犹如风化的石雕，饱含岁月沧桑之感。

石雕天禄长 168 厘米，宽 43 厘米，高 108 厘米，石质坚硬，呈灰青色，略有风化，表面泥绣厚重。石雕天禄的身形若虎豹，头似雄狮，顶生双角，嘴阔齿锐，昂首斜视，怒目眈眈；颌下有一束卷须，直抵胸前；身长双翼，长尾撑地。

天禄是艺术虚构的瑞兽，但其造型的肢体细末都源于生活真实，给人以似曾相识的艺术真实感，赋予其艺术生命的活力。这件石雕天禄雕刻手法概括、洗练，传神的头部、矫健的身躯、浮雕阴刻的羽翼、加之撑地的长尾，显得稳重有力，但在稳重中又有一股凛然的动势，显示了神兽的特定身份。背颈处阴刻"缑氏蒭聚成奴作"七字隶书，可知作者是今偃师缑氏（古代属于洛都京畿）人。

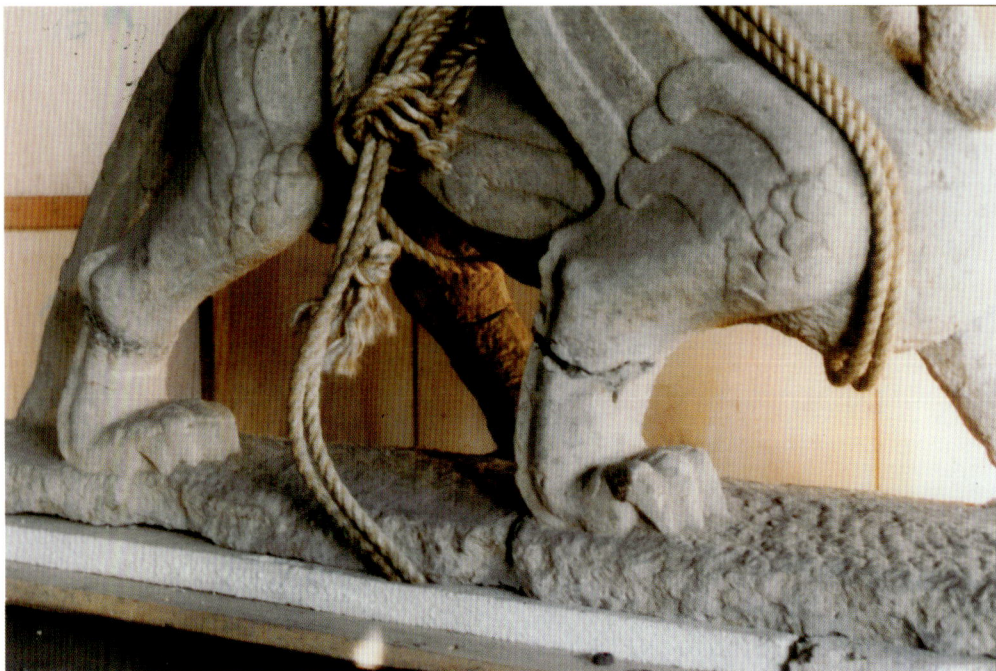

修复前的石雕天禄

2.修复简记

这尊天禄于1954年在洛阳市洛河岸出土，眼、口、牙、舌、鼻、卷须，左右耳尖和右角尖均短缺，后经补配复原。从补配的效果来看，补配者功力非凡。天禄的头脸和卷须均失，若补配需按确凿参照物做出。此补配效果若与同时代的石雕天禄相比照，其形象、风格、神韵均无可挑剔。初次修复是采用模补，略加修饰而成，以石膏为填料。

原修复从大局看，无疑是成功的。但若从小处吹毛求疵，仍有纰漏。如右角尖的补配处略大于圆形比例，与邻近面亦不持平，卷须和牙齿表面较为粗糙。尤其是仿色不准，与原始灰青色相去甚远，故需进一步加工，以求更加完美。

耳、角原补配填料要全部清除，重新补配。头脸、卷须在原补配的基础上，做较大加工。重修和加工均选用石粉型人造石料。在补配过程中含有仿色和部分做旧。现仅以天禄头脸为例，简述工艺过程。

①备料。甲料：取等分石膏、水泥加入黑、蓝色颜料和少量（不小于80目）石英粉，107胶为6%至8%。用清水和拌成稠米汤状。乙料：取与甲料相同成分的原

修复后的石雕天禄

料（石英粉略加大比例，107胶不超过5%），用较少清水和拌成黄泥浆；等量水泥和石膏粉混拌成混合粉；分别准备一些石英粉、黄土粉。

②用清水将头脸原仿色的颜料全部清除，必须露出石膏原色。

③用较大羊毫蘸取甲料，以敷法涂覆石膏表面。涂层略厚，均匀协调。

④待甲料趋于干燥时，用旧棉花（最好是有些发硬的旧棉花）蘸取乙料，用擎法将其擎拍在甲料上面。擎拍落下时要正直有力，提起时应垂直富于力度，从而使乙料表面产生粗糙感。

⑤待乙料略干，再用旧棉丝蘸取石英粉擎拍到乙料上面。另用旧棉花蘸取黄泥浆擎拍于适当之处，尤其是临近面有泥绣之处，要使擎拍黄泥浆连续浑然。再次拂混合粉自然地覆在表面。

⑥待乙料干硬后，扫除余粉。再用旧棉丝分别蘸取上光蜡和黄土粉。用罩法和擦法交替施用，以最后获得石质效果为佳。适当作旧。

第十二例 修复陶铠甲武士俑

——消除隐患之例

1. 概况

秦始皇陵的陶铠甲武士俑赴某国展出后，因其国包装时未按我国包装方式实施，运输中又受到颠簸，致使陶俑的双腿从膝下处断裂。

陶俑腿部较细，足登方履，下踏底板。根据断折情况检查，黏结时，发现在双履上面有一道很细的裂纹。笔者凭经验认为，此裂缝用502胶注加固即可。但参与修复者对笔者意见表示怀疑，便用刀具从裂缝处向里刺探，刀尖竟从底盘下穿出，据此认为此处是隐患，应拆修。拆修表明，原连接处不仅多处开胶，还因陶质酥软，又有几处新的折断，共计碎片14块。

2. 修复简记

14块陶片一次性粘接复原。底盘下部用玻璃钢加固。加固时要将粘接复原的底盘底部水平向上。制作玻璃钢后，于底盘四周围以木制框围。在框架内灌满细沙，凭借沙子的重量将玻璃布压实。底盘隐患经粘接，尤其是玻璃钢加固，有效地控制了该处的酥脆程度，使距今两千多年的秦俑延长了生命。

通过这一实例，可以说明两个问题：第一，任何工艺都要根据具体情况灵活施用，不能死板。前文中介绍一次粘接陶片一般不超过三块，而此处却将十四块陶片一次全部粘接了。前文称，制作玻璃钢时很难实施加压工艺，而此处不仅做到加压，还利用沙子的流动性，获得理想效果。第二，经验固然重要，但绝不是万能良药，底盘处隐患若不认真处理，一定会留下什么后患。

第十三例 修复黑釉三彩马

——复制试验之例

1. 概况

1969 年在河南省洛阳市郊出土了一件盛唐时期的三彩黑釉马。形体高大，高 66.5 厘米，长 76 厘米，造型优美，四蹄挺立，头略低，目凝视，口微张，似悠闻鸣唱。色彩奇特，除脸部、鬃部、四蹄施白釉外，其他部分均施黑釉，黑得似铁，甚显沉着刚毅。三彩马以黑色釉为主体尚属首次发现，是不可多得的精品。但因是孤品，不适宜长期公开展出。洛阳市博物馆几经试验，终于在 1979 年复制成功。复制品陈列于展室以飨读者，并作为建国三十周年的国庆献礼送至北京。

2. 修复简记

随着我国对外开放的步伐不断加快，在 20 世纪 80 年代，此马的复制品向国外出口。复制品的形体、风貌与原件基本相同。但由于马体过于高大，烧制困难，又因初始仿制，故前期产品出现了一些质量问题，有一些复制品需要修复。笔者曾独立连续修复了 20 件。

20 件三彩马共有 500 余处损坏，平均一件有 25 处需要修理，其中一件竟要修理 63 处。损坏的种类包括断折、短缺、环断、异釉、异物和崩碎，其中崩碎约占损坏量的 90%。在修复 20 件三彩马时，我有两点重要收获。一是研创出滴注—填补法，二是获得仿釉长期牢固效果的依据。原因是复制品可做试验，可以反复试验修理的方法，从而找到更好的修复方案；由于有多处同类损坏，可以比较验证修复的效果。

目前的陶质文物修复工艺中没有修复环断、环裂的良好方法。针对这类损坏，我利用 502 胶的特性，研创出了滴注—填补法这种全新的修复工艺，成为陶质文物六步修复法中的重要内容。

判定修复质量的优劣，应从初期表面效果和长期牢固效果两方面来衡量。初期表面效果在前文中已有表述，现仅就长期牢固效果记录如下。

修复后的二十匹黑釉三彩马

黑釉三彩马经修复后，将少部分放置在较潮湿的室内，大部分则陆续放置室外（若是真品决不允许这样做），长达一年。经过0℃以下的寒冷，30℃以上的高温日晒，以及风吹、雨淋和雪覆。经检验，仅有四个修复点的仿釉处有轻微开裂和隆起，仅占修复总数的0.8%。损坏原因在于工艺欠佳。滴注—填补处无一损坏，与放置室内的修复品无任何区别。

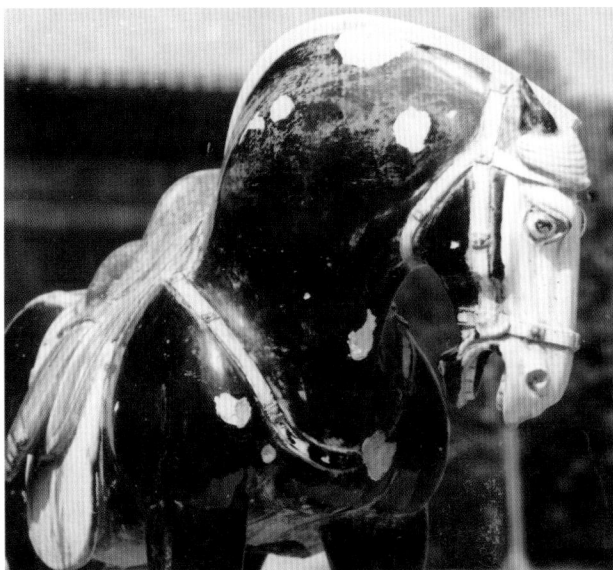

黑釉三彩马上的白色崩碎

由实验结果可知，修复品如不在阳光下长期暴晒或陈放于无冷热急骤变化的室内，数年内不会发生明显变化。另据笔者十年来对修复的复制品和可见到的文物展览修复品的观察，仿釉处的长期牢固效果不会低于十年。

第十四例 修复人物画像空心砖

——仿色之例

1. 概况

画像砖源于秦代，盛于汉朝，是用雕刻凸凹图像的木板模印而成，是一种装饰性的建筑材料，河南省博物馆所藏人物画像空心砖，便是画像砖中的巨制精品。

这块砖长 140 厘米，宽 52 厘米，厚 15 厘米。两面模印着相同的图案，砖面上下各有一条宽约 10 厘米的菱格纹带。中部为两层，上层有雄鸡、鸾鸟，下层前部为一棵树，树后是二人二马。人作行走状，头戴高冠，身穿长袍，双手持仗，腰悬

画像空心砖（上为展览品，下为拓片）

宝剑。马昂首作嘶鸣状。图案阴刻，线条流畅，柔中带刚，形象生动，是迄今为止罕见的古代佳作。

2. 修复简记

此砖从上端左起76厘米处，到下端左起90厘米处斜向断折。断折面的碴口略有破损。损坏原因是包装欠佳，在运输中遇到外力所致。

凡修复断折、短缺的阴刻、阳刻纹饰或有文字的文物均需塑补。其修复的关键是刀口要准确。纹饰、文字的线条，无论是阴线还是阳线，塑补后的风格要与原刻相同，不可过肥或过瘦，应不留下任何修复痕迹。为求得无痕的效果，需使用一种特殊的手上技巧，即以手指为工具，蘸取枯涩色料，在粘接处着力摩挲，凭手感判断粘接缝的虚实平凹，并使其平整无痕。通过摩挲，可产生一种混沌模糊、悠远苍茫的古旧感。

第十五例 修复三彩马

——仿釉之例

1. 概况

河南省伊川县出土的三彩马，强健魁伟，通高61厘米，长62厘米，四肢修长，筋骨健壮、前胸宽阔、肌肉饱满、昂首伫立，头微左偏，双耳耸立。马通体棕红色，仅马头、披鬃、翘尾为白色，鞍褥为绿色毛织厚毯，富于质感，头背饰有杏叶形（又似垂云纹）附加垂饰，革带上有花朵型装饰。

2. 修复简记

（1）重修前的检查

马头两耳尖缺，脸从中部断折，下唇原缺，右马嚼缺，左马嚼后尖缺。颈部杏叶形附加垂饰左起第二、第四枚尖缺。尾部马尾断折两处，四条腿中有三条腿各断折两处，另一条腿折三处，底盘左后角短缺。另发现两后腿膝下各有1平方厘米的沟槽，无筋骨槽。根据断折处碴口可以断定，是原作折断而复接，未经加工修整所致。

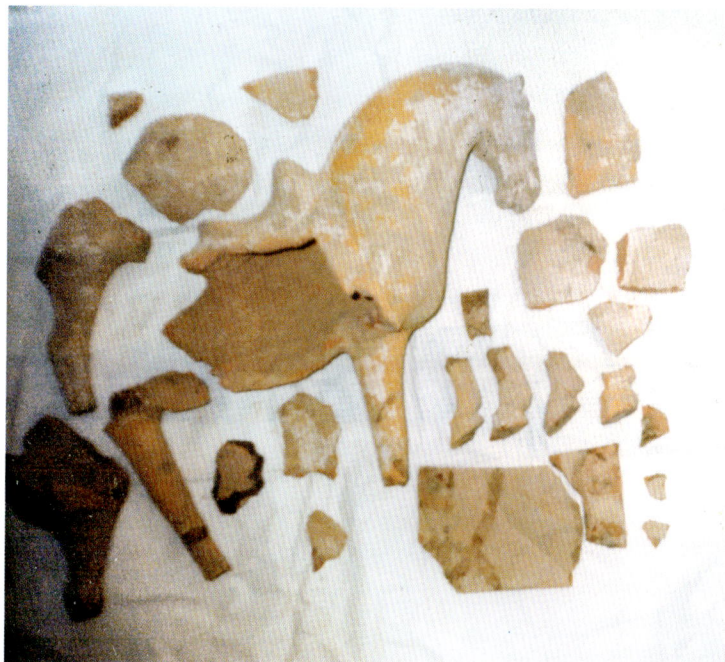

汉代陶战马修复前是一堆碎块

修复后的汉代陶战马

（2）修复实施

粘接和补配要交叉进行，先补配短缺的下唇，再粘接折断的马脸，另将折断的两块马尾粘接好。将马倒置在砂箱内固定平稳，粘接断腿牢固后，调整马的位置，将马尾粘接好（在此之前应填补粘接缝）。将马正置在转盘上面，补配马耳、马嚼和花饰，均选用塑补法，补后用502胶从表面加固，填补粘接缝。

（3）仿色（釉）

仿色（釉）是一项比较复杂的工艺，唐三彩仿色（釉）更加繁难，但只要掌握了工艺规律，就能得心应手。仿色（釉）最基本的是准确把握审色、辨色和调色，如掌握不好这些基础工序，再高的仿色技法也无济于事。如马耳基本是黄色，但深浅有别，耳廓边际有微微棕红色，黄色之中还透出隐隐的白色。所以要先仿白色，次仿黄色（注意深浅），后仿棕红色。再把棕红色与黄色相互浸染为不规则的渐变，需将擎法和混法结合使用。

仿釉时应注意马的不同部位与釉层的薄厚差异，如马脸部的釉层较薄，马腿筋槽处釉层较厚，调配釉料时所需的稀料用量就要有区别。蘸取釉料时，前者无需饱满，而后者则必须浓重。

（4）原物上的疵点

原物上会有一些疵点，虽然是工艺缺陷，但与原作一样同属于历史陈迹，同样表现了古代人民的智慧和局限。此马后腿略显凸起处就属于这种情况，故无须纠正，仍按原样补配。

第十六例 修复陶羊圈

——断折修复之例

1. 概况

东汉陶羊圈由两只羊和一个羊圈组成，羊圈呈圆形栏状，直径24厘米。圈内

东汉陶羊圈修复前

东汉　陶羊圈

　　羊圈直径 24 厘米　羊高 14.5 厘米
　　河南三门峡市出土。

外各站立一只绵羊，两只绵羊昂首前视，翕动着微张的嘴似在咩咩叫。

羊圈底部和圈栏上有几道明显的裂缝,用手拍之,"啪啪"作响。经仔细观察发现,几道裂缝相互交错,裂缝多被泥锈所覆盖。若用手轻轻掰动,裂缝即可张开,这种损坏的裂缝是严重的隐患,极易导致折断,甚至出现更大的损坏。

2. 修复简记

鉴于上述情况，笔者提出人为折断后修复。

人为折断后，羊圈断裂为四块。用环氧树脂一次粘接复原，再填补粘接缝、仿色和作旧，羊圈复好如初。

值得说明的是，陶质文物严重破碎的（不包括有短缺的），用粘接力很强的环氧树脂粘接后机械强度明显增加，提高了文物本身所能承受的最大外力。所以羊圈经人为折断粘接后，不仅消除了隐患，更增强了文物的抗外力能力。

第十七例 修复敞口红陶钵

——重修之例

1. 概况

据考古学家考证，至少在五万年前，西藏地区就有人居住，到新石器时代，人们制作的工具、陶器已具有相当水平。1979 年在西藏昌都地区卡诺遗址出土的红陶钵（距今四千多年），就说明了这个问题。

敞口红陶钵是夹细

敞口红陶钵

沙的红陶质，色近橘黄，表面满是污锈和斑斑驳驳的泥锈，直口方唇，口径35.2厘米，腹壁较薄，向下斜收，至腹部以下内收更为显著。平底，底径10.2厘米。口沿与腹中部各有一周压印纹，两条纹饰之间刻画竖线三角纹，在近口沿处钻有三个小孔，用途不明。

2. 修复简记

原件为研究修复，后改为展览修复，经折断共得陶片31块，短缺多处。由于陶钵器壁较薄，短缺面积小而分散，故可采用直接填补法补配（与例五补配相同）。原器三个小孔中有一个已失多半，在补配时要将小孔做出。压印纹和竖线三角纹需塑补，用刻刀仿出。压印纹的间距不是等分的，仿刻效果亦不能过于等分。作旧选用补法，要先做污锈，后做泥锈。

第十八例　修复彩绘陶骑马俑套12件

——套修之例

1. 概况

1965年底，在陕西省咸阳市杨家湾汉墓出土了大批彩绘武士俑和骑马俑，世称"杨家湾兵马俑"，因这批兵马俑有三千余件，故有"三千人马"之称。

修复前检查彩绘陶骑马俑的碎陶块

修复的彩绘陶骑马俑

骑马俑有大小两种，大者通高 66 厘米，长 65 厘米；小者高 54 厘米，长 53 厘米。俑的上身和马尾植于马体，可以取放。没有马镫，鞍鞯和辔头以彩色绘出。骑俑身着红、绿、黄、白、紫等色服饰，造型优美，气势恢宏，有的静立待发，有的引颈嘶鸣。陶马臀部、背部刻有不同的数字。有的骑马俑甚显雄伟，群体骑马俑则更壮观。所以，选择了 12 件（大者 8 件，小者 4 件）骑马俑编列为阵，出国展出。

杨家湾"三千兵马"出土后的修复条件很差，仅用漆片（也许还有其他胶）简单粘接，这样修复的文物作为长期性固定展览没有太大问题，但作为流动性短期展览，尤其是赴国外展出，则显不足。为此，需要重修，这样便可消除文物的的隐患，提高包装、运输中的安全系数。

2. 修复简况

重修工艺前已有述，本文仅介绍重修中的套修。

套修是由一位修复者在同一时间内修复若干件相同种类或相近种类的文物。套修不仅节省工时和原料，还可提高修复质量。

按照传统修复的惯例，一位修复者在同一时间内只能修复一件文物，称为单修。单修和套修相比，主要是修复工时可以大大缩短。以十二件彩绘骑马俑为例，骑马俑的马腿修长，最细处仅 2 厘米，原粘接处用手稍碰即断，共 33 处。若单修，最少需用一个月时间，套修仅仅用五天。

①清除漆片（需用一天）。

②环氧树脂粘接（需待 24 小时硬化）。

③填补（需 24 小时）。

④仿色和作旧（约用两天）。

套修工艺需具备的条件和注意事项：必须是同种类或相近种类的文物，用同一种修复工艺。修复者需要有较高的水平，只能由一人担当主修。若需助手，助手需与主修者配合默契。做好一切准备工作，如调色时必须将所需要颜料一次调配充足，万不可停工待料。

第十九例 修复秦将军俑

——粉碎性修复之例

1. 概况

秦将军俑于 1947 年在陕西省临潼县秦始皇陵一号俑坑出土。出土时已破碎，有部分短缺，曾进行研究修复，1979 年改为展览修复。修复后，因搬动不慎，从踝部断折（详见《陶质文物损坏的原因》一节），因此需要进行第三次修复。

1983 年在日本大阪展出期间，秦将军俑被一暴徒推倒，造成粉碎性损伤。此时，胡耀邦总书记即将访问日本，按我国政府指令，组成修复小组，与日本修复专家共同抢修，以我方为主。并要求在最短的时间内完成修复工作。当时的日程安排是：

11 月 22 日中午　将军俑被破坏。

11 月 25 日晚　　中方修复人员到达日本。

11 月 26 日下午　开始工作。

11 月 27 日　　　工作。

11 月 28 日上午　胡耀邦总书记参观秦兵俑展览。

　　　　　　下午　工作。

11 月 29 日　　　工作。

11 月 30 日　　　工作。晚 9 时修复结束。

人员安排是中方由中国对外文物展览公司范力夫任组长，笔者主修，还有杨光明等三人。日方有京都文化财埋藏研究所任田边昭三任调查部长。

2. 损坏情况

秦将军俑，通高 196 厘米，重约 200 千克。头带长冠，颈绕围巾，身穿战袍，外披铠甲，足穿方口履，肃立于平板之上。二目前视，威严凛然。右手略抬前伸，左手似持物状。纵观全俑，比例协调，威健壮哉，给人以盖世之感。为六千多秦俑群体中的佼佼者，是秦兵俑中的代表作。

将军俑惨遭暴力后，破碎为大小 108 块陶片（粉碎性碎块不计在内），损坏情况如下：

①头部植于体内，可以取放。

②长冠和左耳计有四处较小的碎裂破损。碎块为粉碎性，已无法粘接复原。

③右臂从肩部断折。大臂前方碎裂严重，原补配部分多已摔落粉碎。右手从原粘接处松动。

④身体从腹部的连甲带处横向断折。身体上身颈部围巾断折为四块（不包括原补配）。胸部碎裂严重，原补配处的大部分，包括甲钉和连甲带多已粉碎。背部原粘接缝的填补填料已酥碎损坏。

⑤身体下身断折为三大部分。从腹部至战袍下摆，包括左腿的根部（根部与战袍相连的陶壁上，中有 7-8 厘米的洞孔与体内相通），和左腿脚绊以上为一部分。战袍后身有一横贯裂缝，宽约 0.1 厘米至 0.2 厘米，缝隙两侧已发酥。左腿近根部有环断一周，略有松动，

⑥左腿从脚绊处至左脚为一部分。左脚的前半部已断折。

⑦右腿的绝大部分与托板为

秦将军俑损坏现场

修复后的秦将军俑

一部分，未有断折或损坏，基本完好。

3. 修复前的准备

根据秦将军俑的损坏程度，中日双方共同确认属于粉碎性断折。为此，双方进行了认真地修复分析、探讨。

此俑除去可以粘接复原的108块陶片以外，还有相当数量的粉碎性碎块。这样的碎块有两种：一种是原陶壁的碎裂，另一种是原补配处填料的碎裂。原填料多为石膏，还有小量填料不知是何种物质。经检验其硬度，原填料内未加粘合剂。

此俑虽然断折严重，但新断折处较少，而原粘接处重新断折的较多。重新断折有两种情况：一种是从粘合剂的一侧与原碴口处断折，从粘合剂上粘有的陶渣来分析，是因陶质较为酥脆所致。另一种是粘合剂上没有陶渣，这可能与粘合剂配制不当有关。

原内壁上曾用玻璃钢加固。经此次严重破坏后，玻璃钢已大部脱落。未脱落部分，用手一拽即脱落。其原因是此俑出土后，第一次修复时，限于当时的物质条件和玻璃钢制作的技术水平，牢固性较差。

秦将军俑曾因搬动从踝部断折。此次罹难，踝部粘接处不仅安然无恙，甚至仿色和作旧部分都无丝毫损伤。在修复踝部断折时，选用环氧树脂方例一粘接，采用

笔者在做修复秦将军俑前的准备工作

复合填料进行的补配。

根据上述分析结果，中日双方进一步就修复工艺以及采用的原材料进行充分的交流。确定以中方掌握的 E44 环氧树脂为主要粘合剂，日产粘合剂为辅。填料由日方提供，按中方配方配制。玻璃钢制作按中方技术实施，粘合剂由日方提供，并郑重提出"在尊重科学的

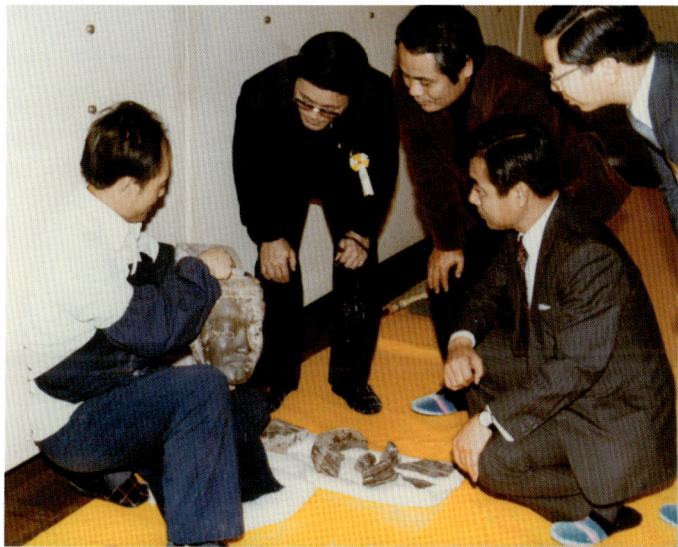

向日本友人介绍修复情况

基础上，争取早日完成"的总原则。

4. 修复简记

由于修复人员阵容强大，修复时将破碎的陶俑从下至上，分部位、各工序交错进行，最后再整体粘接。

所谓工序交错是前次粘接后，在不影响下次粘接的情况下，即可进行部分补配。在不影响其他补配时，可着手仿色和作旧。总之是修复要主动，见缝插针，充分利用一切时间。如修复头部，就是利用粘接的空隙时间完成的。

（1）环氧树脂的选用

选用中国制造的 E44 环氧树脂粘接承力较大的重点部位，如腿部、腹部、肩部等。非承力较大的部位，则采用日方提供的标牌"Araldite（阿拉代特）"双组分环氧树脂。阿拉代特有多种型号，此次修复选用了三种。甲种硬化时间为 10 分钟，乙种硬化时间为 6 小时，丙种硬化时间为 12 小时。阿拉代特具有多种型号和固化速度快的优势。除用于粘接外，重点是用于加固。

（2）加固措施

第一，在陶俑胸壁内部制作玻璃钢，包括两臂的上部。选用丙种阿拉代特为粘

合剂。第二，吸取了修复后再次断折的教训，在关键部位的应粘接面上先行涂覆粘合剂加固，然后再进行粘接。涂覆加固选用丙种阿拉代特——丙酮稀释溶液。第三，钢筋加固，使用于腿部的断折处。如粘接左腿脚绊处的断折前，先在应粘接面上植入根中0.3厘米不锈钢棍。打洞工具选用直流36V慢速电钻，因其震动力小，对陶质基本无损坏。

（3）碎碴的处理

凡陶俑碎块已成粉碎性碎碴，原补配处无粘接价值的碎块，均弃之，而重新补配。所谓无粘接价值，是指原补配碎块已发酥，或者碎块虽然完整，但粘接复原后，还需填补粘接缝，往往事倍功半，所以不如重新补配。

（4）补配

补配选用了三种填料：

①石膏加107胶，用于粘接缝和非承力小面积处的填补。

②人造石（以水泥为填料），用于承力或酥脆的裂缝处填补，如战袍后身的横贯裂缝。

③复合填料，用于塑补，如连甲带、甲钉、围巾。

（5）仿色和作旧

按中日各方所掌握的工艺方法，各显身手（中方按"仿色"和"作旧"章

将军俑局部

修复现场

中所介绍的工艺方法实施）。

（6）特殊情况处理

在检查秦将军俑损坏现状时，发现左腿与战袍下摆交接处有一道隐蔽的环断。缝隙异常纤细，很难用眼睛直接观察到，只有借助于放大镜，或用力晃动时缝隙才暴露出来。对于环断，按"六步修复法"应选用滴注法进行粘接。但秦将军俑的环断恰好在承力部位。此处产生的损坏应是断折或环裂，不应是环断，故不能用滴注法粘接。后经两国专家反复研究决定采取人为断折的破坏性修复。

人为断折是一种迫不得已但又行之有效的修复方法。但因其技术性和安全性的要求均相当严格，难度很高，故极少有人问津。此次人为断折采取了下述实施步骤与方法：

①沿环断缝隙外侧，即腿部用宽纱布缠裹紧实。缠裹处宽约15厘米，厚约1厘米。缠裹的纱布既作为人为断折的着力点，又作为陶面的保护层。打击器选用橡皮锤。打击前由助手用力将秦俑腿部把稳定扶牢，在被打击时绝不能晃动。由笔者持锤打击纱布，锤击力量必须稳重。人为断折的结果令人满意，没有任何不良现象。

②人为断折后，经检查发现，陶腿根部在原修复时植有生锈的钢筋，另一端穿入战袍陶壁上的洞孔，洞孔以石膏灌铸。此时钢筋已松动，石膏已酥脆。

向日本友人介绍修复情况

③两腿均属于承力大的部位。为加强其机械强度和牢固性，除选用环氧树脂方例一粘接外，还采取了三项加固措施。第一，在两个应粘接面上各植三根不锈钢棍。第二，在应粘接面上用丙种阿拉代特——丙酮稀释溶液涂覆加固。第三，改用人造石料灌铸洞孔。

破碎为108块的秦将军俑，经过中日双方的奋力抢修，终于在胡总书记离日的前一天，也是大阪展出闭幕的前一天，顺利修复。

这是中日首次合作修复文物，经中日文物专家和有关人士鉴定，一致认为秦将军俑修复是成功的。日本各大报纸以"日中协力，彻夜作业"，"武官俑再现雄姿"等标题，并配以大幅照片进行了专题报道。

后 记

　　文物保护是一门涉及多种学科的实用学科。文物保护贯穿于发掘、修复、研究、筹展、展出、馆藏、包装、运输等工作中。我国文物工作者在国家法令的指导下，于各自的工作岗上，尊重科学，继承传统，反复实践，敢于创新，为文物保护事业做出了巨大的贡献，成绩斐然。

　　要想做好一件事情，不仅需要个人的努力，也需要前辈、朋友的鼓励和帮助。本书约十万字，从准备到写成书，历时三十年之久。其间，各届领导无不给予支持和关注。陈滋德老先生在病中还不忘鼓励我，使我在1982年写成了本书的第一稿。当时，因种种原因，未能出版。此后，本书稿又得到王天木、陈鹏程、宿白、史树青等前辈及我的恩师耿宝昌先生的具体帮助和指点；河北省博物馆刘来成、文物出版社于炳文等先生也给予了切实地帮助。书中照片多由我单位摄制部提供。对以上诸前辈和朋友，以及一切给予帮助的人，致以衷心地感谢。

　　在结束全文之前，笔者诚挚地说明：文物保护学是随科学技术的发展而发展的，绝不会停留在现有水平，必定青出于蓝而胜于蓝。

2011年3月完稿于青云市场

北魏 彩绘陶马

残高14.2厘米　长22.8厘米

1990年偃师南蔡庄乡联体砖厂北魏墓出土。此泥质灰陶马，虽四肢残损，仅看马头的结构和动势，就感受到陶马栩栩如生的神态，陶马为挺胸低头之状，是正在奋力奔跑。此陶马塑工精细，战马佩戴的鞍鞯、辔饰、銮铃、缨饰齐全。